재미있는 핸드페인팅

포크아트 매니아 30인 전

태학원

Foreword

포크아트 매니아로서....

(작가의 마음)

어느덧 포크아트를 시작한지도 꾀 많은 시간들이 흘려갔습니다.

그 많은 시간들 속에는 그리는 기쁨과 그려지지 않는 내 자신을 질책하며 절망하던 모든 모습들이 들어 있습니다.

그러면서 한해 두해가 쌓여 이제는 생활의 모든 부분을 차지하는 전부가 되어 버렸는지도 모릅니다.

처음으로 여러명이 모여 책을 내려니 참으로 어려운 일들이 한두가지가 아니었습니다. 중도에 포기하고 싶었던 그 많은 후회의 날들을 뒤로 하고 이제 이 한권의 책을 손에 받아보니 그 기쁨이란 뭐라 표현할 수 없이 크기만 하네요.

"나는 꿈도 소망도 없는 위대한 인간보다 성취할 꿈과 소망을 가진 보잘 것 없는 한 인간이고 싶습니다."

위대한 시인 Kahlil Gibran님의 글로 대신하면서 소중한 추억을 함께한 이 한권의 책을 모든 포크아트를 사랑하는 분들께 바칩니다.

포크아트 매니아 일동

CONTENTS

환희의 기쁨 (Acrylics)

Zhostovo

PALETTE(물감)

- JO SONJA'S ARTIST COLORS (조손야물감)
  - Napthol Crimson(NC)
  - Cadmium Red Light(CRL)
  - Brown Earth(BE)
  - Norwegian Orange(NO)
  - Pine Green(PG)
  - Yellow Deep(YD)
  - Yellow Oxide(YO)
  - Yellow Light(YL)
  - Prussian Blue(PB)
  - Permanent Alizarine(PA)
  - Hookers Green(HG)
  - Red Violet(RV)
  - Rich Gold(RG)
  - Barn Copper(BC)
  - Titanium White(TW)
  - Carbon Black(CB)
  - Napthol Red Light(NRL)
- Folk Art's(포크아트 물감)
  - Metallic Blue Topaz
  - Metallic Blue Sapphire

BRUSHES(브러쉬)

필벗브러쉬 : NO.2, NO.4, NO.6, NO.8
퀼 : NO.3

SUPPLIES(기타 준비물)

사포
Gold 가루
Copper 가루
All Plrpose Sealer
Retarder
Flow Control Medium
Gloss Vanish
Stylus
화이트 먹지

PREPAPATION(바탕준비)

1. All Purpose Sealer를 전체 바르고, CB를 전체적으로 칠해준다.
   사포로 거친 표면을 곱게 사포 해준다.
2. CB에 Retarder을 Mix(1:1)하여 전체적으로 Base 해준다.
3. 1번 부분에 NC+BC 바림 해준다.
4. 완전히 마른 후 화이트 먹지를 대고 디자인을 옮겨준다.
5. 전체적으로 잎, 꽃 등을 TW로 Base 해준다.

COOL LEAVES(찬 잎사귀)

1. Retarder 전체적으로 바른 후 PB, AIZ 어두운 부분과 잎의 끝부분에 터치 해준다.
2. PG으로 1 스트록 해준다.
3. RGold+Gold 가루를 Mix해서 오버스트록 해준다.
4. PW로 H/L 오버스트록 해준다.

WARM LEAVES(따뜻한 잎사귀)

1. Retarder를 전체적으로 바른 후 FB+AIZ 어두운 부분, 잎의 끝 부분에 터치 해준다.
2. No.8 필벗브러쉬로 FB+PG Mix해서 1스트록 해준다.
3. 2번+Metalic Blue Topaz를 Mix해서 오버스트록 해준다.
4. PW로 H/L 오버스트록 해준다.

SMALL LEAVES(작은잎)

1. Retarder를 전체적으로 바른 후 FB, AIZ 어두운 부분, 잎의 끝부분에 터치 해준다.
2. No.6, No.4 필벗브러쉬로 BE+BC Mix해서 1스트록 해준다.
3. 2번+Copper 가루를 Mix해서 오버스트록 해준다.
4. PW로 H/L 오버스트록 해준다.

ONE RED ROSE(빨강색 1장미)

1. Retarder를 전체적으로 바른다.
2. 어두운 부분은 CB로 터치 해준다.
3. No.8 필벗브러쉬로 NC로 1스트록 해준다.
4. NRL+BC를 Mix해서 오버스트록 해준다.
5. PW로 H/L 오버스트록 해준다.

TWO RED ROSE(빨강색 2장미)

1. Retarder를 전체적으로 바른다.
2. 어두운 부분은 CB로 터치 해준다.
3. No.8, No.6 필벗브러쉬로 NC로 1스트록 해준다.
4. NYL+RG Mix해서 오버스트록 해준다.
5. 4.+Rich Gold가루+PW를 Mix해서 오버스트록 해준다.
6. PW로 H/L 오버스트록 해준다.

ORANGE ROSE(주황색 장미)

1. Retarder를 전체적으로 바른다.
2. 어두운 부분 CB로 해준다.
3. No.8, No.6 필벗브러쉬로 NO로 1스트록 해준다.
4. NO+BC를 Mix해서 오버스트록 해준다.
5. YD로 오버스트록 해준다.
6. PW+TW로 Mix해서 H/L 오버스트록 해준다.

YELLOW ROSE(노란색 장미)

1. Retarder를 전체적으로 바른다.
2. 어두운 부분 CB+NC를 Mix해서 터치 해준다.
3. NO.8, No6 필벗브러쉬로 YO로 1스트록 해준다.
4. YL+Gold펄로 오버스트록 해준다.
5. PW+TW로 Mix해서 H/L를 오버스트록 해준다.

WHITE ROSE(흰색 장미)

1. Retader를 전체적으로 바른다.
2. 어두운 부분 HG로 칠한다.
3. No.8, No.6 필벗브러쉬로 PB(조금)+YD(조금)+TW를 Mix해서 1스트록 해준다.
4. 3번에 TW+PW를 Mix해서 오버스트록 해준다.
5. PW로 HL 오버스트록 해준다.

FIVE PETAL(다섯 꽃잎)

1. Retarder를 전체적으로 바른다.
2. 어두운 부분 CB로 터치 해준다.
3. No.2 필벗브러쉬로 PB+Metallic Blue Sapphire or PW와 Red Violet+PW를 Mix해서 1스트록 해준다.
4. PW로 오버스트록 해준다.

FINISHING(마무리)

1. 꽃과 잎들의 선들은 PW로 라인을 해준다.
2. 레이스는 RG로 해준다.
3. 테두리는 Tannin Sealer를 바른 후 Leaf를 붙여준다.
4. 완전히 말린 후 Gross Vanish를 여러 번 발라준다.

| 박 선 숙(Bak Sun Suk) |

미술 분야에 관심이 많았는데 포크아트는 나에게 그림을 접할 수 있는 기회가 되어 주었다.
가구나 천 등등… 인테리어 소품에 작품을 한다는 것이 매력적인 것 같다.
강사를 한지도 7년이 다 되어 가지만 아직도 배워야 할 것이 무궁무진하다는 것이 설레이고, 많은 사람들과 즐길수 있는 공예가 되었으면 합니다.

Gorgeously
(Acrylics)

PALETTE(물감)

· PLAID JO SONJA'S ARTIST COLORS (조손야물감)

Titanium White(TW)
Warm White(WW)
Carbon Black(CB)
Permanent Alizarine(PA)
Brown Madder(BM)
Burnt Umber(BU)
Napthon Crimson(NC)
Pthalo Blue(PB)
Pine Green(PG)
Purple Madder(PM)
Rich Gold(RG)
Raw Sienna(RS)
Smoked Pear(SP)
Naples Yellow Hue(NYH)
Yellow Light(YL)
Cadmium Yeollw Mid(CYM)
Napthol Red Light(NRL)
BURGUNDY
SILVER

BRUSHES(브러쉬)

필벗브러쉬(No. 2, 4, 6, 8호)
킬브러쉬(No. 3호)
빽붓4호

SUPPLIES(기타 준비물)

사포(No. 220, 600)
젯소
먹지
리타더
바니쉬

PREPAPATION(바탕준비)

1. 빽붓(4호)을 이용해 젯소를 전체적으로 바른 후 1차 사포(220번 : 표면이 거친 사포)를 해준다.
2. 중심부분은 반제 모양을 따라서 조금의 여분을 남겨놓고 NYH+WW를 Mix해 칠해준다.
3. 나머지 부분은 CB으로 칠해준다.
   - 이때, 전체적으로 바닥이 보이지 않고 고르게 빽칠한 후 사포(600번 : 표면이 부드러운 사포)를 해준다.
4. 먹지를 이용해 본을 뜬다.
   - 이때, 손에 힘을 빼고 연하게 본을 뜬다.
5. 본에 있는 꽃과 나뭇잎을 RS로 베이스를 깔아준다.

LEAVES(잎)

■ (필벗 No.8) 사용

1. 리타더를 바른 후 어두운 부분은 CB으로 칠한 후 잎의 끝부분은 PA+CYM 으로 브랜딩하듯이 Mix해서 터치해준다.
2. PG로 가볍게 1스트록을 해준다.
3. 2번 더티브러쉬+WW를 Mix해서 2스트록을 해준다.
4. 3번 더티브러쉬+TW로 H/L를 해준다.
   - 더티브러쉬 : 사용했던 붓을 물에 씻지 않고 계속 사용함.

WHITE ROSE(흰 장미)

■ (필벗 No.8) 사용

1. 리타더를 바른 후 장미 뒤쪽 어두운 부분을 BU로, 꽃의 한쪽부분은 PB로 살짝 터치를 해준다.
2. PB로 터치해준 부분을 SP로 1스트록을 해준다.
   - 이때, PB로 터치 해준 부분을 SP로 1스트록을 해주면 자연스럽게 SP색만 보이지 않고 PB +SP를 Mix한 것처럼 자연스럽게 보인다.
3. 2번 더티브러쉬+WW를 Mix한 후 2스트록을 해준다.
4. 3번 더티브러쉬+TW로 H/L해준 후 SG로 안쪽부분을 틴티 해준다.
5. 필벗No.2호로 PM+CYM +WW로 "C" 모양으로 터치하면서 씨앗을 표현해준다.

RED ROSE(붉은 장미)

■ (필벗 No.8) 사용

1. 리타더를 바른 후 어두운 부분은 NC+BM으로 Mix해서 칠해준다.
2. NC+BM+WW를(1:1:0.5) 비율로 Mix해서 1스트록을 해준다.
3. TW로 H/L를 표현해준다.
4. 어두운 부분은 NC+BU를 Mix해서 한번씩 틴티를 넣어준다.
5. 필벗No.2호로 PM+CYM+WW로 "C" 모양으로 터치하면서 씨앗을 표현해준다.

BLUE ROSE(파란색을 띤 장미)

■ (필벗 No.8) 사용

1. 리타더를 바른 후 어두운 부분은 CB으로 깔아준다.
2. PB+WW를(1:0.5) 비율로 Mix한 후 파란 색을 띤 꽃잎부분에 스트록을 해준다.
3. 2번 더티브러쉬 상태로 WW(0.5정도)를 묻혀 밝은쪽 부분에 2스트록을 해준다.
4. WW로 H/L를 표현해 준다.
5. 봉우리는 B+NC를 Mix해 터치해주며, WW로 스트록 해준 후 TW로 H/L를 표현해 준다.
6. 필벗No.2호로 PM+CYM+WW로 "C" 모양으로 터치하면서 씨앗을 표현해준다.

DAISY(데이지)

■ (필벗No.8)

1. 리타더를 바른 후 어두운 부분은 CB으로 깔아준 후에 BURGUNDY+WW(1:0.5)비율로 1스트록을 해준 후 TW로 H/L를 표현해 준다.
2. 씨앗은 (필벗No.4) 리타더를 바른 후 CB으로 깔아준 후 CYM로 "C"자 모양으로 표현해 준 다음 NRL로 점을 찍어준다.

BELLFLOWER(초롱 꽃)

■ (필벗 No.4)

1. 리타더를 바른 후 어두운 부분은 CB으로 깔아준 후에 PB +WW로 1스트록을 해준 후 TW로 H/L를 표현해준다.

FIVE LEAVES(작은 꽃) : 다섯 꽃잎

■ (필벗 No.6)

1. 초롱꽃과 같은 방법으로 본 모양에 따라서 표현해준다.
   - 초롱꽃과 동일한 색깔의 물감 사용.

2. 씨앗은 CB로 원형모양으로 터치한 후 YL로 퀼브러쉬(No.3)로 찍어준다.
   • 포인트로 NRL로 점을 찍어준다.

PANSY FLOWER(팬지 꽃)

1. 리타더를 바른 후 어두운 부분을 PM로 깔아준 후 CYM로 꽃잎의 한쪽을 터치해준 후에 WW로 꽃잎을 터치해 자연스럽게 Mix되도록 해준다.
2. 아래 꽃잎도 PB와 WW로 1번과 같은 방법으로 터치해준다.
   • 다른색의 팬지 꽃 : PB대신에 BURGUNDY 사용
3. 씨앗은 작은 꽃과 같은 방법으로 표현해준다.

LACE(레이스)

■ (브러쉬 No.3)

1. RG로 라인을 그려준다.
2. 붓 뒤를 이용해 WW로 작은 꽃잎을 표현해준다.
3. SILVER로 2번과 같이 붓 뒤를 이용해 중앙을 찍어준다.

FIINISHING(마무리)

1. 브러쉬(No.3)를 이용해 꽃과 잎에 라인을 그려서 표현해준다.
2. 완전히 마른 후에 바니쉬를 여러번 발라준다.
   • 이때, 바니쉬를 한번 바른 후 완전히 말린 후 반복적으로 발라준다. / 드라이 사용 시 찬바람 이용)
3. 가구에 뿌리는 광택제를 사용해 뿌려준 후에 부드러운 천으로 닦아서 마무리해준다.

| 권 윤 예(Kwon Yoon Yeo) |

누구의 생각이었을까요?
보기만 해도 마음이 환해지는 어느집 담벼락에 그려진 꽃 그림.
인생의 굴레에서 마음 아파함에 우린 언제나 작은곳에서 마음위로를 받아왔듯 포크아트란 묘한 것이다.
각자의 생활속에서 지쳐있다가도 나만의 마음속에 작은 화폭을 담아 붓으로 하나하나 색을 칠하고 입혀갈 때에 나도 모르게 기분이 좋아지고 아름다움에 취해간다.
이 판도라상자속에 마지막 희망을 인간에게 주었듯, 포크아트 세계를 통하여 당신의 가슴깊이 묻어둔 희망을 끄집어내어 모든이에게 기쁨을 나눠주기 바랍니다.

평온한 하루

(Acrylics)

PALETTE(물감)

- Mahogany / Dark walnut (우드스테인)
- PLAID JO SONJA'S ARTIST COLORS (조손야물감)

Smoked Pearl(sp)
Raw Sienna(RS)
Burnt Umber(BU)
Brown Earth(BE)
Gold Oxide(GO)
Norwegian Orange(NO)
Yellow Light(YL)
Aqua(Aqua)
Turner's Yellow(TY)
Sapphire(Sapphire)
French Blue(FB)
Pine Green(PG)
Teal Green(TG)
Warm White(WW)
Red Earth(RE)
Burgundy(Burjundy)
Storm Blue(SB)
Naplrs Yellow Hue(NYH)
Burnt Sienna(BS)
Jue Brilliant(JB)

BRUSHES(브러쉬)

no. 2 round brushes
no. 3 round brushes
no. 4 round brushes
no. 6 round brushes
no. 4 filbert brushes
no. 6 filbert brushes
no. 8 filbert brushes
3/8 Flat brushes

SUPPLIES(기타 준비물)

sand paper
먹지
all purpose sealer
flow medium
Retarder medium
clear glaze medium

PREPAPATION(바탕준비)

1. 문 앞면을 제외한 수납장의 모든 부분은 우드스테인을 이용하여 나무결을 살려 칠해준다.
   ▶ Mahogany : Dark walnut = 1 : 1
2. 문 앞면을 사포질 한 후에 깨끗하게 닦아낸 후 Smoked Pearl로 Back color를 칠해준다.
3. Retarder를 아주 얇게 도포한 후에 Raw Sienna를 가운데부터 얇게 펴바른다.
   이때 붓에 있는 물감을 최대한 이용해서 Dry한 부분도 나오도록 자연스럽게 바른다.
4. 가장자리에 하트 & 튜울립 띠가 들어가는 부분의 배경 컬러
   ▶ Burnt Umber+Brown Earth+Gold Oxide+ Norwegian Orange 와 Retarder를 조금 섞어서 칠한다.
5. 가장자리 끝부분
   ▶ Black Green(Blk+Yellow Light)+Butter Milk를 많이 섞은 후 Blue혼합색을 섞어가며 적당한 컬러를 만든다.
   (Blue혼합색=Burnt Umber+Aqua+Turner's Yellow +Sapphire+French Blue...)
6. 굵은 사포를 이용해서 결을 살리면서 전체적으로 한번 살짝 밀어준다.
7. 꽃/사람/잎사귀/집 등을 8호 필벗브러쉬를 이용하여 Raw Sienna로 밑색을 깔아준 다음 Glaze Medium을 전체적으로 바른 후에 완전히 말려준다.

LEAVES(잎파리 1차 올리기)

1. Pine Green+Teal Green+Burnt Umber(약간)+ Warm White(약간)+Smoked Pearl(약간)을 섞어서 6호 필벗브러쉬를 이용하여 칠해준다.
2. 같은 붓으로 Pine Green+Smoked Pearl+Burnt Umber(약간)을 섞어서 하이라이트 컬러를 올려준다.

HEART(하트 1차 올리기)

1. Burnt Umber+Gold Oxide+Red Earth+Burgundy를 섞어서 3/8 Flat 브러쉬를 이용해서 하트의 가장자리부터 자연스럽게 터치하며 칠해준다.
2. **하트 가운데의 드라이 터치** : 하트 베이스 컬러에 Smoked Pearl를 섞어서 조금 밝은 컬러를 만든 후 가운데 부분에 드라이 터치를 넣어준다.

HOUSE(집 1차 올리기)

■ 8호 필벗브러쉬를 이용하여 Smoked Pearl로 벽을 칠해주고 같은 붓을 사용하여 Red Earth와 Burnt Umber로 지붕과 문 그리고 창문의 명암을 자연스럽게 표현해준다.

TULIPS & BLUE FLOWERS(튤립&파란 꽃)

1. **베이스** : Storm Blue+Raw Umber를 섞어서 6호 필벗브러쉬를 이용하여 꽃잎을 칠해준다.
2. **중간톤** : Storm Blue+Sapphire+Raw Umber+ Smoked Pearl를 섞어서 6호 필벗브러쉬를 이용하여 꽃잎을 칠해준다.
3. **어두운톤** : Storm Blue+Raw Umber(많이)를 섞어서 4호 라운드 브러쉬를 이용하여 자연스럽게 그려준다.
4. **밝은톤** : 중간톤+Smoked Pearl(많이)를 섞어서 4호 라운드 브러쉬를 이용하여 자연스럽게 그려준다.

RED FLOWERS(빨간 꽃)

1. **베이스** : Burnt Umber+Gold Oxide+Red Earth+ Burgundy를 섞어서 6호 필벗브러쉬를 이용하여 꽃잎을 칠해준다.
2. **어두운톤** : Burnt Umber(많이)+Gold Oxide+Red Earth+Burgundy를 섞어서 6호 라운드 브러쉬를 이용하여 자연스럽게 그려준다.
3. **밝은톤** : Naplrs Yellow Hue+Burnt Umber(약간)를 섞어서 4호 라운드 브러쉬를 이용하여 자연스럽게 그려준다.

YELLOW FLOWERS(노란 꽃)

■ 6호 필벗브러쉬를 이용하여 Yellow Oxide로 밑색을 한번 바른후 4호 라운드 브러쉬를 이용하여 Naplrs Yellow Hue/Warm White 등의 컬러로 밝은 명암을 그려주고 Red Earth와 Burnt Umber를 섞어서 어두운 부분을 그려준다.

MAN(사람)

1. **모자** : 4호 필벗 브러쉬를 이용하여 Brown Earth+ Turner' s Yellow+Warm White+Smoked Pearl를 섞어서 칠해준다.
2. **얼굴** : 4호 필벗 브러쉬를 이용하여 Gold Oxide+ Turner' s Yellow+Warm White를 섞어서 칠해준다.

3. **볼터치** : 4호 필벗 브러쉬를 이용하여 Red Earth를 살짝 묻혀서 터치해준다.
4. **머리카락** : 3호 라운드 브러쉬를 Burnt Umber로 그려준다.
5. **상의** : 4호 필벗 브러쉬를 이용하여 Turner's Yellow+Warm White+Smoked Pearl를 섞어서 아래쪽을 향해 터치하듯이 그려준다.
6. **하의** : 4호 필벗 브러쉬를 이용하여 Storm Blue+Sapphire+Raw Umber+Smoked Pearl를 섞어서 아래쪽을 향해 터치하듯이 그려준다. 같은 붓으로 Sapphire+Warm White를 섞어서 하이라이트 부분을 칠해준다.
7. **신발** : 4호 필벗 브러쉬를 이용하여 Burnt Umber+Black를 섞어서 칠해준다.

HOUSE(집 2차 올리기)

1. Retarder를 바른 후에 3/8 Flat 브러쉬를 이용해서 Red Earth로 어두운 부분 명암을 주고 Red Earth/Burnt Umber/Burgundy/Smoked Pearl/Warm White 등의 컬러로 세부적인 명암을 준다.

WHITE FLOWERS(하얀색 동그라미 꽃)

1. Smoked Pearl과 Glaze Medium를 섞은 후 6호 라운드 브러쉬의 붓 뒤쪽을 이용하여 붓대 끝의 둥그런 부분으로 물감을 충분히 찍어서 볼록 튀어나오는 느낌으로 찍어준다.
2. 같은 붓을 이용하여 White로 한번 더 올려주어 좀더 튀어나와 보이는 느낌으로 만들어준다.
3. **가운데 부분** : Brown Earth를 먼저 찍고 마르기전에 Raw Sienna를 Brown Earth와 엉기게 올린다.

STAMEN(꽃술)

- 3호 라운드 브러쉬를 이용하여 Yellow Oxide를 먼저 바른후 Burnt Umber → Smoked Pearl → White의 순으로 자연스럽게 터치를 준다.

LEAVES[잎파리 2차 올리기 (가장 밝은 하이라이트)]

- 6호 필벗 브러쉬를 이용하여 Pine Green+Warm White+ Cadmium Yellow Mid를 물과 많이 섞어서 묽게 만든 후 하이라이트를 올려준다.

HEART[하트 2차 올리기 (마지막 하이라이트&라인넣기)]

1. **어두운 명암** : 3/8 Flat 브러쉬를 이용해서 Burgundy+Burnt Sienna → 가장 아랫부분을 어둡게 표현해준다.
2. **밝은 하이라이트** : 8호 필벗 브러쉬를 이용해서 June Brilliant에 Burnt Sienna를 조금 섞어서 묽게 만들어 터치를 가볍게 탁탁 넣어준다.
3. 마지막으로 8호 필벗 브러쉬를 이용해서 Norwegian Orange로 엑센트만 준다.
4. **라인** : 2호 라운드 브러쉬를 이용해서 Burgundy+Black+Burnt Sienna(조금)를 섞어서 자연스럽게 넣어준다.

BLUE FLOWERS[파란 꽃 2차 올리기] (마지막 하이라이트)

1. **라인** : 3호 라운드 브러쉬를 이용해서 Storm Blue+Burnt Umber를 섞어서 넣어준다.
2. 밝은 부분은 3호 라운드 브러쉬를 이용해서 Aqua로 엑센트만 준다.

FIINISHING(마무리)

- 굵은 사포를 이용하여 자연스럽게 샌딩을 해주면서 자연스러운 분위기를 연출해준다.

Faith Hope
Love

Faith Hope
Love

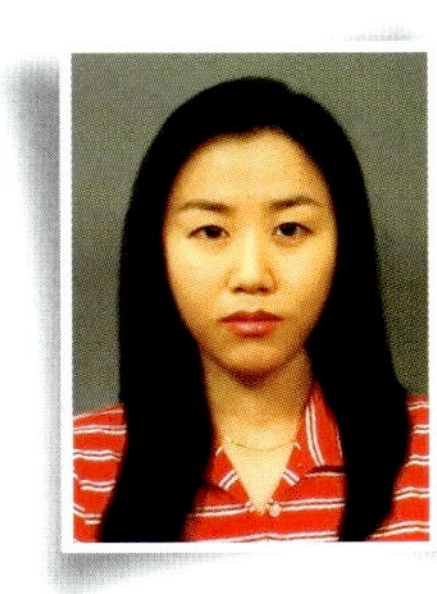

| 구 자 영(Gu Ja Young) |

미대를 나와 웹디자이너로 활동 하던중에 컴퓨터로만 작업을 하는 것에 점점 싫증을 느끼고 있었는데...
친한 친구의 소개로 포크아트를 접하게 되었답니다. 딱 제가 원하던 거였어요.
생활에 필요한 모든 것에 응용도 가능하고 아름다운 그림들도 마음껏 그려볼수 있고...
앞으로도 더 폭넓고 재미있는 포크아트의 세계를 접해보고 싶어요.

여유로운 삶 (Acrylics)

PALETTE(물감)

- JO SONJA'S ARTIST COLORS (조손야물감)

Carbon Black(CB)
Celadon(CEIADON)
Yellow Light(YL)
Cadmium Yellow Mid(CYM)
Burnt umber(BU)
Cobalt Blue Hue(CBH)
Teal Green(TG)
Pthalo Green(PG)
Sap Green(SG)
Brilliant Green(BG)
Napthol Crimson(NC)
Red Violet(RV)
Permanet Alizarine(PA)
Pine Green(PG)
Australian Sienne(AS)
Brown Madder(BM)
Yellow Oxide(YO)
Raw Sienne(RS)
Yellow Deep(YD)
Diox Purple(DP)
Prussian Blue Hue(PBH)
Brown Earth(BE)
Burnt Sienna(BS)
Indian Red Oxide(IRO)
Titanium White(TW)
Purple Madder(PM)
Pale Gold(PG)

BRUSHES(브러쉬)

no. 1/2 flat brushes
no. 8 filber brushes
no. 6 filbert brushes
no. 4 filbert brushes
no. 2 filbert brushes
no 3 liner brushes
no. 0 liner brushes

SUPPLIES(기타 준비물)

스타일러스
먹지
All Purpose Sealer
Clear Graze Medium
Magic Mix
Flow Control Medium
Clear Semi Gross Varnish

PREPAPATION(바탕준비)

- 먼저 바탕을 깨끗하게 사포한 후 All Purpose Sealer를 칠한 후 다시한번 사포한다. CB+IRO(1:1)로 섞어서 칠한 후 본을 뜨고 TW로 음영을 살리면서 바탕을 칠한다. Clear Graze Medium을 전체 칠한다.

LEAVES(잎)

1. 8번 fibert 브러쉬를 이용해서 TG+BU로 어두운 잎사귀 안쪽을 칠한다.
2. 같은 브러쉬를 BG+PG+YO를 조금씩 다르게 Magic Mix를 섞어 stroke 한다.
3. 2번에 TW를 Mix해서 2번 보다 짧은 stroke 한다.
4. 잎 안쪽은 TG+CB으로 잎 끝쪽으로 BM로 틴트 터치한다.
5. YO+CEIADON+TW로 중앙에 있는 잎들만 하이라이트 터치한다.
6. Line TG+BU Mix해서 liner O호로 그린다.

APPLE(사과)

1. 1/2 flat과 6,8 filbert 브러쉬를 이용해서 RS를 전체 칠하고 Magic Mix를 사용해서 YL, SG, NC를 브랜딩 한다.
2. 아래 어두운 부분은 BU로 브랜딩한다.
3. NC, YL, YO로 더티 브러쉬 한다.
4. AS로 전체 워시하게 칠한다.
5. TW로 하이라이트 준다.

PEAR(배)

1. 1/2 flat과 6, 8 filbert 브러쉬를 이용해서 전체 RS 칠하고 Magic Mix를 이용해서 더 어두운부분은 BE, BS, BM로 브랜딩하고 어두운 부분은 BU로 진하게 표현한다.
2. YL와 TW로 밝은 부분 터치한다.
3. AS로 전체 워시하게 칠한다.
4. TW로 하이라이트 표현 한다.

STRAWBERRY(딸기)

1. NO. 6 filbert 브러쉬로 TW를 칠한다.
2. Magic Mix를 이용해서 filbert 4, 6로 브러쉬로 어두운 부분 NC, 밝은부분 YL로 브랜딩 한다.
3. 더 어두운 부분은 BU로 표현하고 SG으로 살짝 하이라이트 표현한다.
4. YL와 TW로 하이라이트 표현한다.

FRUIT(열매)

- filbert 2, 4호 브러쉬로 RV+DP(1:1) Mix해서 전체 칠한 후 Magic Mix 이용해서 어두운 부분 BU+CB으로 밝은 부분은 TW로 브랜딩 시킨다.

GRAPES(포도)

1. filbert 6호 브러쉬를 이용해서 전체 RV+DP Mix해서 칠한 후 TW로 사이드로딩해서 밝은 부분을 표현한다.
2. CB으로 포도를 한알씩 나눈다.
3. PAB으로 붉은부분 표현을 한다.
4. TW로 하이라이트 표현한다.

WHITE FLOWERS(흰꽃)

1. filbert 8호 브러쉬를 이용해서 RV, PM, YL로 어두운 부분 터치한다.
2. TW로 정확하게 사이드로딩해서 꽃에 결을 살려준다.
3. 2번보다 짧게 TW를 오버 stroke한다.
4. YD으로 틴트 넣어준다.
5. 씨는 liner 3호 브러쉬를 이용해서 PG→YO→YL→TW 순서로 씨를 찍어주고 가운데 NC로 마무리 한다.

BLUE FLOWERS(파란 꽃)

1. filbert 6호 브러쉬를 이용해서 PB+CB Mix해서 안쪽을 터치한다.
2. UMB+TW를 Mix해서 꽃에 결을 살려준다.
3. 2번에 TW를 Mix해서 2번보다 짧게 storke 한다.
4. RV으로 틴트 넣어준다.
5. 씨는 liner 3호 브러쉬를 이용해서 PG→YO→TW 순서로 씨를 찍어준다.

FINISHING(마무리)

- Pale Gold로 굴곡있는 부분은 손가락을 이용해서 터치한다.

FIINISH(마감재)

- Clear Semi Gross Varnish으로 2번 칠해준다.

2005 8 29

2005 9 1

| 김 경 화(Kim Kyoung Hwa) |

■ '바로 이거야!' 포크아트를 처음 접했을 때 머리속에 꽉찬 한마디였습니다. 그길로 포크아트를 시작한지 언 5년이 흘렀습니다. 무엇보다 매력적인 것은 어떤 곳에나 접목할 수 있고 할때마다 새롭고 아무리해도 기분 좋은 인생에 활력 그 자체였습니다. 앞으로도 이 기분 좋은 포크아트 발전을 위해 계속 노력할 것이며 이것이 행복이구나 느끼게 해주는 포크아트를 사랑합니다.

■ 현 풀잎문화센터 노원지부 강사

■ H·P : 017-610-4238

명작 (Acrylics)

Hindeloopen 스타일

PALETTE(물감)

- JO SONJA'S ARTIST COLORS (조손야물감)

Raw siennia (RS)
Warm white (WW)
Jade (J)
Nimbus gray (NG)
Burnt umber (BU)
Raw umber (RU)
Red earth (RE)
Stome blue (SB)
Franch blue (FB)
Carbon black (CB)
Olive green (OG)
Indian red oxide (IRO)
Background color Spice

BRUSHES(브러쉬)

Sable Round No.3
Plat No.5, No.10

SUPPLIES(기타 준비물)

사포 #320 #600
White transfer paper
Flow control medium
Gross varnish
Clear Glaze Medium
Kleister Medium

PREPAPATION(바탕준비)

1. Spice로 Base칠하고 Cream border는 WW+RS (6:1)로 칠한다.
2. 내부 Trim은 OG, 외부 Trim은 IRO로 칠한다.
3. White먹지로 도안을 뜬다.

LEAVES(잎)

1. J+NG+RU(1:1:2)로 Base스트록 한다. 이때 Clear Glaze Medium을 Mix해서 투명하게 칠해준다.
2. 어두운 부분의 쉐도우는 Base color+BU로 스트록 해주고 하이라이트는 J+WW로 스트록한다.
   - 이때 나뭇잎 무늬 모양에 따라 붓의 굵기를 다르게 해주는 것을 잊으면 안된다.

RED ROSE(빨간 장미)

1. RE+WW (1:4)로 Base한다.
2. 어두운 부분은 IRO로 스트록해주는데 하이라이트 부분의 어두운 곳은 적게 스트록해준다.
3. Highlight는 WW+RE (5:1)로 스트록한다. 어두운 것과 반대로 센타부분은 밝게 처리한다.
   - 하이라이트를 줄 때 물감과 Kleister Medium을 Mix해서 사용하면 입체감을 살릴 수 있다.

RED TULIPS(빨간 튤립)

1. RE+WW (1:4)로 Base한다.
2. 어두운 부분은 RS+BU로 스트록하고, 밝은 부분은 WW+RE (5:1)로 스트록한다.

YELLOW TULIPS(노란 튤립)

1. RS로 Base한다.
2. 어두운 부분은 RS+BU로 스트록하고, 밝은 부분은 RS+WW로 스트록한다.

BLUE FLOWERS(파란 꽃)

1. SB+FB+WW(2:1:1)로 Base한다.
2. 어두운 부분은 SB+BU로 스트록하고, 밝은 부분은 SB+FB+WW(2:1:3)로 스트록한다.
3. WW로 Line을 그려준다.

YELLOW FLOWERS(노란 꽃)

1. RS로 Base한다.
2. RS+WW (1:1)로 스트록한다.
3. BU와 WW로 Line을 그려준다.

RED SCROLLS(빨간 소용돌이)

1. RE+WW (1:4)로 Base한다.
2. 어두운 부분은 RE+BU로 스트록하고, 밝은 부분은 WW+RE (5:1)로 Base 스트록한다.

BLUE SCROLLS(빨간 소용돌이)

1. SB+FB+WW (2:1:1)로 Base 스트록한다.
2. 어두운 부분은 SB+BU로 스트록하고, 밝은 부분은 FB+WW로 스트록한다.

FIINISHING(마무리)

1. Gross Varnish로 여러 번 칠해서 마감한다.

■ Scrolls는 보편적으로 C자나 S자 형식으로 원형을 이루며 그리는데 중간 중간에 꽃과 잎을 그려 넣기 때문에 디자인 하기가 다소 수월하다.

➡

공 선 경(Gong Sun Kyoung)

- 꽃과 소재의 제한이 없다는 것에 매료되어 포크아트를 시작한지도 어언 8년이 넘었네요.
현재는 평촌에서 문화센타 강사로 활동하고 있습니다.
제가 그림을 계속할 수 있게 도와준 남편과 아이들에게 고마움을 느끼며 포크아트라는 공예가 아직 우리나라 사람들에게는 많이 생소하지만 많은 이들에게 알려질 수 있도록 계속 노력하고 연구하기에 충분한 가치가 있다는 생각이 듭니다.

- H · P : 011-9761-1519

꽃의 정원

Garden Of Florals

PALETTE(물감)

- JO SONJA'S ARTIST COLORS (조손야물감)
  Burgundy, Carbon Black(CB), Fine Green(FG)
  Ultramarine Blue(UB)
  Norwegian Orange(NO)
  Cadmium Orange(CO)
  Brown Madder(BM)
  Smoked Pearl(SP)
  Cadmium Scaret(CS)
  Permanent Alizarine(PAIZ)
  Raw Sienna(RS)
  Napthol Crimson(NC)
  Red Violet(RV)
  BurntUmber(BU)
  PthaloBlue(PB)
  Jade, Brown Earth(BE)
  Yellow Oxide(YO)
  Yellow Light(YL)
  Titaniu White(TW)
  Rose Pink(RP)
  Trans Magenta(TM)
  Aqua, Cadmium Yellow Mid(CYM)
  Purple Madder(PM)
  Pale Gold(PG)
  Burnt Sienna(BS)
  Sap Green(SG)
  Dioxazine Purple(DP)
  Gold Oxide(GO)
  Burnished Copper(BO)
  Hookers Green(HG)
- FOLK ART'S (포크아트 물감)
  Shamrock(926)
  Metalic Cladon(581)

BRUSHES(브러쉬)

필벗브러쉬(Filbert Brush) : No.6, No.4, No.8, No.2
오일평붓(Flat brush) : No.10, No.8
라이너붓(Round brush) : No.3

SUPPLIES(기타 준비물)

반재(원형 싸이드 테이블)
All Purpose Sealer
Sand Paper
Retarder Medium
Flow Medium
Clear Graze Medium
Protective Finish
화이트 먹지
Copper리프

PREPAPATION(바탕준비)

1. 실러를 골고루 발라준 뒤 Burgundy+CB(5:1)로 섞어서 바탕을 칠해주고 곱게 사포를 한 뒤 동일한 색을 한번 더 골고루 발라준다.
2. 완전히 마른 후에 화이트 먹지를 대고 디자인을 옮겨 준다.
   - 꽃과 잎 그리고 열매를 그리기 전 베이스를 깔 때 전체적으로 물감 약간에 Clear Graze M을 아주 많이 타서 투명하게 칠해 준 후 말린 뒤 Retarder M을 발라 주는 것을 잊지마세요.

LEAVES(잎)

1. 초록잎은 No.6 Filbert brush로 FG+Clear Graze M을 MIX해서 잎사귀 사이사이를 띄어가며 터치해준뒤 RM을 발라준다.
2. BM으로 어두운 부분 브랜딩 한 후 FG+YL+Aqua를 (2:2:1)로 베이스 깔린 부분 위에 스트록을 해준 뒤 SP로 하이라이트를 표현해 준다.
3. 갈색잎은 No.6 Filbert brush로 나머지 잎사귀를 BE+Clear Graze M으로 터치해준다.
4. BM으로 어두운 부분 브랜딩 BE+YO를 (1:1)로 위에 스트록을 해준 뒤 CYM으로 하이라이트를 표현해준다.

PEAR(배 2개)

1. 먼저 No.6 Filbert brush로 YO+Clear Graze M으로 투명하게 칠해준 뒤 RM을 발라준다.
2. No.8 Filbert brush를 이용하여 하이라이트를 기점으로 RS로 터치해준 뒤 점점 어두워지는 부분은 BS로 다음 BM으로 가장 어두운 부분을 브랜딩 시켜준다.
3. 하이라이트는 YL로 올라오면서 TW를 섞어 점점 밝게 입체적으로 배를 브랜딩 시켜준다.
   - 부드러운 느낌이 들도록 터치해준다.

PLUMS(자두 4개)

1. 배의 1번과 동일한 방법으로 칠해준다.
2. DP+PA(1:1)로 섞어서 전체를 칠해준 뒤 CB로 사이드로딩해서 어두운 부분을 브랜딩 하듯 덧칠해 준다.
3. PD+PA로 한번 더 TW를 섞어서 터치하고 점점 더 밝게 하이라이트 표현해준다.
4. TW로 하이라이트 터치해준다.

APPLE(사과 2개)

1. 배의 1번과 동일한 방법으로 칠해준다.
2. No.6 Filbert brush를 이용해서 YL을 하이라이트 중심으로 터치 NC를 사이드로딩 한 것처럼 해서 어두운 부분에서 밝은 부분쪽으로 브랜딩 시켜준다.
3. SG부분 터치해 준 뒤 위로 점점 밝게 YL으로 브랜딩하듯 덧칠해 준 뒤 그 위로 하이라이트를 TW로 터치해준다.
   - 이 때 브러쉬를 위에서 아래쪽으로 자연스럽게 표현해준다.

CHERRY(체리)

1. 배의 1번과 동일한 방법으로 칠해준다.
2. No.4 Filbert brush로 YL 하이라이트 중심으로 터치 AIZ를 사이드로딩 한 것처럼 해서 어두운 부분에서 밝은 부분쪽으로 브랜딩 시켜준다.
3. SG부분 터치해준 뒤 YW로 하이라이트 터치해준다.
4. 꼭지 부분은 CB로 표현해준다.
   - 다른 체리는 RV+AIZ로 동일한 방법으로 표현해 준다.

STRAWBERRIES(딸기)

1. 배의 1번과 동일한 방법으로 칠해준다.
2. No.4 Filbert brush를 이용 YL 하이라이트 터치 NC로 사이사이 브랜딩 시켜준다.
3. YL로 점점 밝게 Mix 시켜준 뒤 SG로 사이드 부분 브랜딩 시켜준다.
4. 그 위로 더 밝게 TW로 하이라이트 부분을 표현해준다.
5. BU로 가장 어두운 부분을 터치해준다.

BLUE OBJECTS(자주색 꽃)

1. No.6 Filbert brush로 TM+Clear Graze M으로 칠해준 뒤 Retarder M을 발라 준다.
2. PM을 C부분을 중심으로 명암을 넣어준다.
3. AIZ+TM(1:1)로 바깥쪽에서 안쪽으로 스트록 해 준 뒤 그 위로 PG+TM(2:1)을 섞어서 하이라이트를 스트록 해준다.

RED-ORANGE OBJECTS(핑크꽃장미, 튜울립 1개)

1. No.6 Filbert brush를 이용하여 NO+RP+Clear Graze M으로 터치해준 뒤 Retarder M을 발라준다.
2. BM으로 가운데를 중심으로 명함을 넣어준다.
3. RP+NO+CS을 섞어서 바깥에서 안쪽으로 그려준다.
4. 점점 밝게 CO로 입체적으로 표현해준다.
   - 장미도 같은 색로 표현해준다. 밑부분은 BM으로 사이드 로딩한 것처럼 어두운 부분을 브랜딩 하듯 칠해준다.

WHITE OBJECTS
(데이지2 개, 장미 1개, 펼쳐진 꽃 1개)

1. No.6 Filbert brush를 이용하여 UB+Clear Graze M으로 터치해준 뒤 Retarder M을 발라준다.
2. CB+PB+DP(1:1:3)으로 섞어서 가운데 쪽을 중심으로 명함부분을 터치해 준 뒤, TW를 섞어서 밝은 부분부터 스트록 해준다.(갈수록 어두워지게 표현해준다.)
3. TW로 하이라이트 부분만 터치해준다.

FILLER FLORALS(조그만 꽃)

1. No.6 Filbert brush를 이용하여 TW+Clear Graze M으로 터치해준 뒤 Retarder M을 발라준다.
2. GO로 가운데를 중심으로 어두운 부분을 터치해준다.
3. SG로 스트록 해 준다.
4. TW를 섞어 그 위로 하이라이트 터치해준다.

HYACINTHS(수선화 2개)

1. 조그만 꽃 1번과 동일한 방법으로 해준다.
2. AIZ로 위쪽 봉우리 부분과 꽃의 윗부분에 명함을 넣어준다.
3. CYM으로 윗부분에서 아래쪽으로 스트록 해준다.
4. TW로 하이라이트 부분을 같은 터치로 해준다.
5. 봉우리 밑 펼쳐져 있는 꽃 부분은 SG로 안쪽부분에 명함을 넣어준다.
6. TW로 환한 부분부터 뒤로 갈수록 어두워지게 스트록 해준 뒤, TW로 환한 부분만 스트록 해준다.

BUPS(봉우리 장미 2개)

1. No.6 Filbert brush를 이용하여 CO+클Clear Graze M으로 터치해 준 뒤 Retarder M을 발라준다.
2. CB+PB+DP(1:5:1)로 섞어서 명함부분을 터치해준다.
3. 같은 붓에 TW를 약간 섞어서 스트록 해준 뒤, TW로 하이라이트 부분을 터치해준다.
   - 퀼붓을 이용하여 BM+Shamrock+Aqua+Flow M을 Mix하여 꽃 사이사이에 자연스럽게 스트록 해준다.
   - 퀼붓을 이용하여 꽃을 그린 라운드 부분에 BC+FM으로 모양대로 스트록 해준다.

A FLOWER SEED(꽃씨)

1. No.3 round brush를 이용하여 CO로 중앙을 칠해준 뒤, CYM으로 씨 표현을 해준다.
2. No.3 round brush를 이용하여 자주꽃, 데이지꽃을 HG로 중앙 CYM으로 씨 표현을 해준다.
3. No.3 round brush를 이용하여 나머지 꽃은 BM으로 중앙부분을 칠해준 뒤 CYM으로 씨 부분을 표현해준다.

SIDE BIND(사이드 덩쿨)

1. 테이블 사이드 부분에 퀼붓을 이용하여 JADE+Flow M으로 넝쿨을 스트록 해준다.
2. No.2 Filbert brush를 이용해서 HG로 잎을 스트록 한 후 잎사귀 위에 JADE로 하이라이트를 스트록 해 준다.
3. No.3 round brush로 CYN+클리어글렌징M을 섞어서 투명한 느낌의 다섯잎 꽃을 스트록 해준 뒤 TW+클리어글렌징M으로 씨앗을 넣어준다.

SIDE DRAWER(서랍 사이드 부분)

1. 퀼붓을 이용하여 JADE+Flow M으로 넝쿨을 여러번 겹치게 스트록 한다.
2. HG로 잎사귀를 2~3개씩 스트록 해준 뒤 그 위에 JADE로 하이라이트를 터치해 준다.

FINISH(마감재)

1. No.10 flat brush를 이용하여 물을 묻히지 않은 상태에서 폴리우레탄바니쉬를 이용하여 골고루 뭉치지 않게 잘 펴 발라준 뒤 말린 후 한번 더 발라준다.
2. 다리는 폴리우레탄바니쉬를 이용하여 1번 발라준다.
3. 다리 밑 부분에 무지개리프를 붙여준 뒤 마감재를 1번 더 발라준다.
   - 빨리 마르므로 뭉치지 않게 바르도록 주의해야 한다.

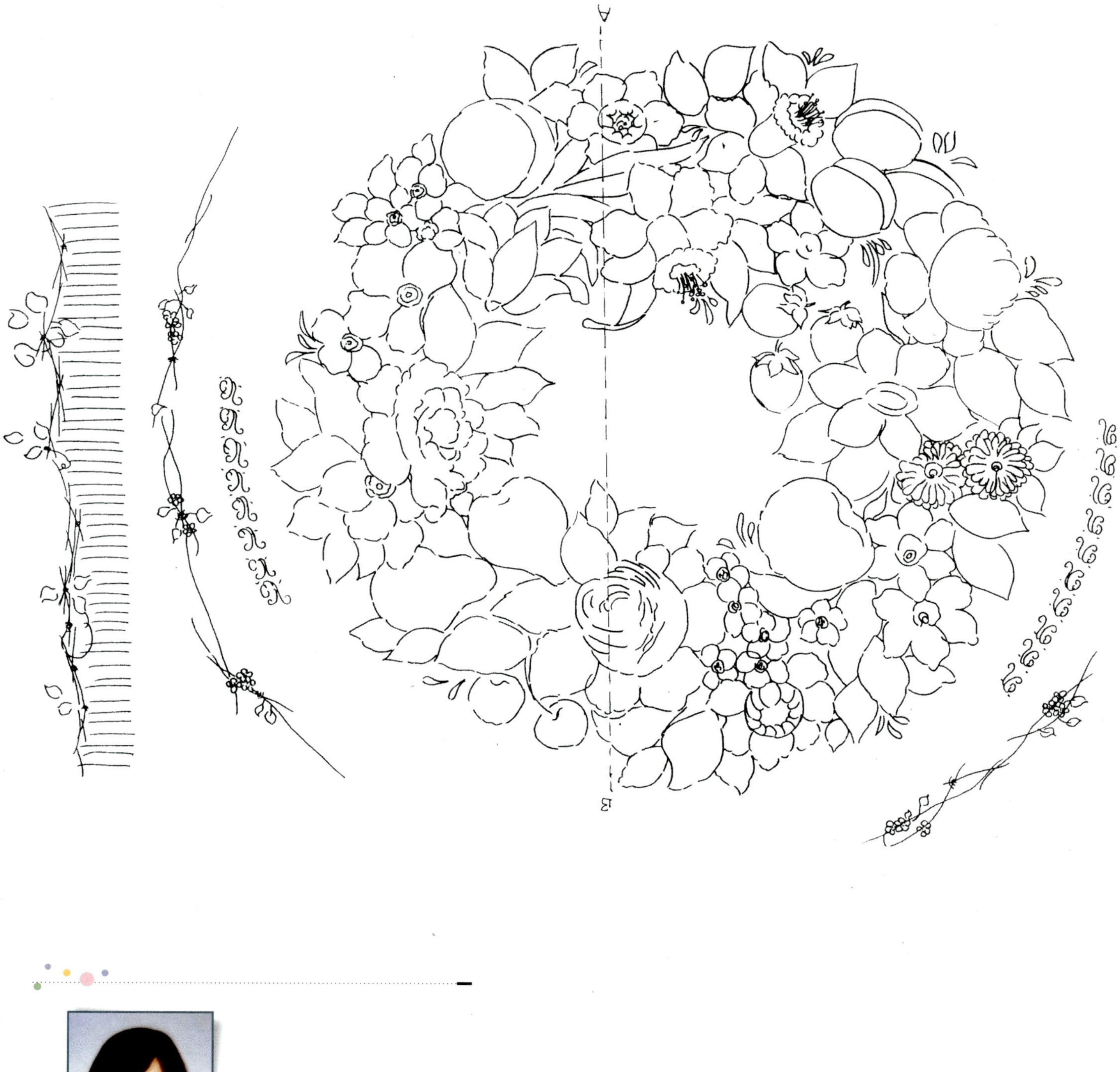

| 김 미 정(Kim Mi Jung) |

- TV 프로그램을 통해 포크아트를 처음 접하게 된 후 그 매력에 반해 시작을 하게 되었다.
어느 덧 시작한지가 1년 정도 되었고, 앞으로 더욱 열심히 하여 포크아트와 함께하는 삶을 꿈꾸고 있다.

엔틱시계

(Acrylics)

Antique Watch

PALETTE(물감)

- Americana(아메리카나 물감)
  Navy Blue(NB)
  Plantation Pine(PP)
  Raw Sienna(RS)
  True Ochre(TO)
  Black(B)
  Raw Umber(RU)
  Cool Neutral(CN)
  Titanium White(TW)
- FOLK ART'S (포크아트 물감)
  Metallic Celadon(MC)
- Oil Artisan
  Raw Umber
  Olive Green

BRUSHES(브러쉬)

필벗브러쉬 : NO2,NO4,NO6
퀼 : No3

SUPPLIES(기타 준비물)

반제(시계)
All purpose
Craze Glaze Medium
Flow Medium
린시드
사포
검정먹지
스펀지
Satin Varnish

- Tonrt-RU
  Dk B-NB+toner2:1
  Med B-VB+toner4:1
  Lt B-DT+toner4:1
  Dk Y-RS+toner2:1
  Med Y-TO+toner3:1
  Dk R-CT+toner2:1
  Lt R-CT+toner4:1
  Med W-CN+touch RS
  YG-PP+toner2:1

PREPAPATION(바탕준비)

1. 사포로 거친표면을 곱게해주고 All Purpose를 전체 바르고, 시계 안쪽은(SP+RS orRU)를 섞어 칠해주고 원을 제외한 나머지부분은 RU+RS를 섞어 Clear Glaze Medium을 섞어 스폰지로 결을 살려 베이스 처리한다.
2. 완전히 마른후 검정먹지를 대고 디자인을 옮겨준다.
3. 모든 도안 RU로 스트록을 살려 베이스처리한 후 Clear Glaze Medium으로 도포해준다.
   - Clear Glaze Medium으로 도포를 하면 작품전체의 투명감 및 바탕 처리한 부분을 보호해준다.
   - 모든 스트록시 Clear Glaze Medium을 섞어 투명하게 스트록 해준다.

LEAVES(잎)

1. 잎의 어두운 부분은 No.6 필벗브러쉬를 사용하여 RU로 토네이도 해준다.
2. Med Y+YG으로 1스트록 해준다.
3. 2+W로 스트록 해준다.
   - 스트록은 잎의 안에서 밖으로 혹은밖에서 안으로 자유롭게 해준다.

BLUE FLOWERS(파란 다섯잎꽃)

1. No.6 필벗브러쉬를 사용하여 RU로 씨 중심쪽으로 어두움을 준후 DkB로 어두운쪽 두잎만 다시 어둠처리한다.
2. DkB로 밖에서 안쪽으로 가볍게1스트록 해준다.
3. Med B로 2보다 안쪽으로 스트록 해준다.
4. Lt B+W로 H/L 해준다.

RED FLOWERS(붉은 다섯잎꽃)

1. No.6 필벗브러쉬를 사용하여 RU로 씨 중심쪽으로 어두움을 준후 DkR로 어두운쪽 두잎만 다시 어둠처리한다.
2. DkR로 밖에서 안쪽으로 가볍게 1스트록 해준다.
3. LtR로 2보다 안쪽으로 스트록 해준다.
4. DkR+W로 H/L 해준다.

YELLOW FLOWERS(노란 다섯잎꽃)

1. No.6 필벗브러쉬를 사용하여 RU로 씨 중심쪽으로 어두움을 준후 Med W로 어두운 쪽 두잎만 다시 어둠처리한다.
2. Med W+W로 밖에서 안쪽으로 가볍게1스트록 해준다.
3. W로 H/L 해준다.

WHITE FLOWERS(흰 다섯잎꽃)

1. No.6 필벗브러쉬를 사용하여 RU로 씨 중심쪽으로 어두움을 준 후 Med W+CN를 많이해서 어두운쪽 두잎만 다시 어두움 처리한다.
2. 1+W로 밖에서 안쪽으로 가볍게 1스트록 해준다.
3. W로 H/L 해준다.
   - 씨는 DkR, Med W, W순으로 믹스되도록 해준다.(No.2, No.4호 필벗브러쉬 사용)
   - 데이지는 다섯잎꽃과 같은 칼라로 해주고 콘트렉스(그림자)를 표현해준다.

RED ROSE(붉은 장미꽃)

1. No.6 필벗브러쉬를 사용하여 RU로 씨 중심쪽과 꽃잎의 어두운쪽에 어두움을 준 후 DkR로 다시 어두움을 준다.
2. Med R로 1스트록 해준다.
3. Dk R+W로 스트록 해준다.
4. 3+W로 H/L 해준다.

YELLOWS ROSE(노란 장미꽃)

1. No.6 필벗브러쉬를 사용하여 RU로 씨 중심쪽과 꽃잎의 어두운쪽에 어두움을 준 후 DkR로 다시 어두움을준다.
2. Med W로 1스트록 해준다.
3. 2+W로 H/L 해준다.

WHITE ROSE(흰 장미꽃)

1. No6필벗브러쉬를 사용하여 RU로 씨중심쪽과 꽃잎의 어두운쪽에 어두움을 준후 DkR로 다시어두움을준다.
2. Med W에 CN을 많이넣어 1스트록해준다.
3. 2+W로 H/L해준다.
   - 씨는 DkR, Med W,W를 믹스되도록 해준다.(퀼3호사용)

BIRD(새)

1. RU로 새의 날개밑과 날개뒷쪽을 어두움을 준 후 Dk B로 새의머 리 및 날개의 어두운 부분에 터치해주고 Med B, Lt B, W순으로 믹스하여 밝은부분을 표현해주고 새의 배쪽은 Dk R,W를 믹스하여 표현해준다.
2. 새의 눈은 NB+B으로 숫자 6자 모양으로 표현해준 후 W로 표현해준다.

SCROLLS(소용돌이)

- No.4 필벗브러쉬를 사용하여 RU로 베이스처리 후 Med W+RS,CN순으로 Scroll를 해준 후 퀼3호를 사용하여 라인을그려준다.

FIINISHING(마무리)

1. 시계의 테두리는 Folkart Metallic Celadon로 1번만 칠해준다.
2. Oil Artisan OG+린시드를사용하여 시계표면 전체를 앤틱처리해준 후 RU로 테두리 부분을 한번 더 처리해준다.
3. Satin Varnish로 3번 정도 칠하여 마감한다.

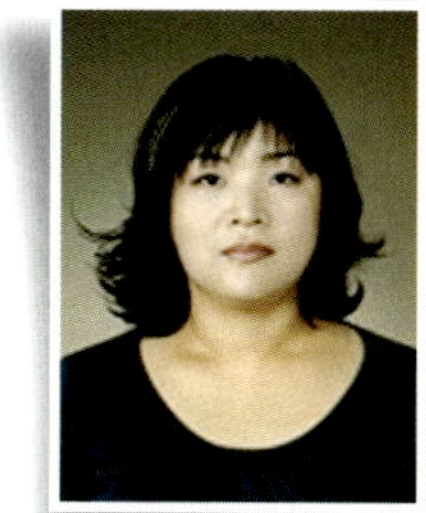

김 연 정(Kim Youn Jung)

- 2001년 (사)한국공예기능협회 포크아트 분과위원장
  한국포크아트갤러리 청주전시회 참가
  2002년 한국포크아트협회 포크아트 3급 취득
  2002년 한국포크아트 갤러리 청주전시회 참가
  2003년 9월 KBS 실속주부경제학 리폼관련 출연
  2003년 한국포크아트 갤러리 인사동 라메르전시회 참가
  2004년 한국공예기능협회 제1회 공모전 입선
  2004년 "포크아트로의 초대" 출품(센트럴시티)
  2005년 8월 한국수공예협회 포크아트 2급 취득
  2005년 9월 현재 한국문화센타 포크아트 분과위원장
  한국문화센타 강남지부 전임강사

Old & New

PALETTE(물감)

Titanium White(TW)
Smoked Pearl(SP)
Light Buttermilk(BM)
Teal Green(TG)
Moos Green(MG)
Jade(J)
Olive Green(OG)
Burnt Umber(BU)
Raw Umber(RU)
Purple Madder(PM)
Raw Sienna(RS)
Yellow Oxide(YO)
Sapphire(S)
Pthalo Blue (PB)
Plum Pink (PP)
Jaune Brillant (JB)
Siller
Clear Glaze Medium
Magic Mix
Varnish

BRUSHES(브러쉬)

no. 30 flat brushes
no. 6 filbert brushes
no. 8 filbert brushes
no. 10 filbert brushes
no. 1 liner brushes

PREPAPATION(바탕준비)

1. 먼저 전체 가구에 실러를 바른 후 깨끗하게 샌딩을 하고 또한번 실러를 바른다.
2. 그림이 들어가는 부분에는 SP를 칠해준다. 그외 부분은 우드스테인(다크월넛) 연하게 칠해준다.
3. 전체적으로 살짝 샌딩을 해준다.
4. 2차적으로 그림 들어가는 바탕에
   ① 30번 평붓 브러쉬를 이용해 전체적으로 글레이즈+RS를 아주 엷게 블랜딩한다.
   ② 같은 브러쉬를 이용해 ①번 블랜딩 한곳에 글레이즈+BU를 또한번 아주 엷게 블랜딩한다.
   ③ 같은 브러쉬를 이용해 겉부분에 글레이즈+RU를 쉐이드를 해준다.
   ④ 같은 브러쉬를 이용해 ③번 쉐이드 한부분에 글레이즈+PG+RU를 엷게 칠해준다.

LEAVES(잎 그리기) : 매직믹스로 믹스

1. 10번, 8번, 6번(잎사귀에 따라) 필벗 브러쉬를 이용해서 어두운 부분을 BU+TG 쉐이드하듯 칠해준다.
2. 같은 브러쉬를 이용해 J+S+BU+TG+TW를 잘 믹스해서 1차적으로 잎모양을 1 스트록 해준다.
3. 같은 브러쉬를 이용해 어두운 부분을 더욱더 진하게 RU+TG를 약간 안쪽으로 2스트록 한다.
4. 같은 브러쉬를 이용해 MG+YO+TW+RU+TG를 잘 믹스해서 H/C부분은 오버스트록 해준다.

FLOWERS(꽃 그리기) : 매직믹스로 믹스

1. 8번, 6번(꽃 크기에 따라) 필벗 브러쉬를 이용해서 어두운 부분 BU를 쉐이드해 준다.
2. 같은 브러쉬를 이용해 PP(YO, SP, PB+RS+BU)로 꽃모양을 잡아준다.
3. 같은 브러쉬를 이용해 1번에서 처럼 또한번 어두운 부분 BU+PM을 Mix하여 살짝 틴트해 준다.
4. 같은 브러쉬를 이용해 PP(YO, SP, PB+RS+BU)+TW 또한번 꽃모양을 스트록한다.
5. 같은 브러쉬를 이용해 PP(YO, SP, PB+RS+BU)+JB+BM 단계별로 조절하며 꽃을 오버스트록 해준다.
6. 꽃술은 PM 쉐이드로 칠하고 라이너 브러쉬로 TY와 BU를 물감이 마르지 않은 상태에서 순서대로 찍듯이 그려준다.

LINER & LEAVES(라이너와 엷은 잎 그리기)

- OG+RU를 Clear Graze M을 Mix해 가면서 작은 잎사귀를 표현해준다.
  같은 색으로 잎사귀의 라인은 유동제와 Mix해서 라인을 그려준다..

FIINISHING(마무리)

- 무광바니쉬로 2번 정도 잘 발라준다.

➡

| 김 윤 영(Kim Yoon Young) |

- 가볍게 취미로 배워보고 싶은마음에 포크아트를 접하게 되었습니다.

점점 붓을잡고 있는 시간이 행복하고 포크아트 매력에 푹 빠졌습니다.
작품을 완성해 나갈 때마다 느끼는 그 성취감이 삶의 활력을 주네요~
함께 배우는 좋은 인연들도 만나고 정말 시작을 잘했다 싶습니다.
지금은 미흡하지만 우리나라 포크아트 발전에 도움이 되는 사람이 되길 바라며~~

중세로의 여행(Acrylics)

PALETTE(물감)

- JO SONJA'S ARTIST COLORS (조손야물감)

Warm White(WW)
Titanium White(TW)
Yellow Light(YL)
Yellow Oxide(YO)
Naples Yellow Hue(NYH)
Raw Sienna(RS)
Raw Umber(RU)
Burnt Umber(BU)
Amethyst
Aqua(AQ)
Pine Green(PG)
Hookers Green(HG)
Brilliant Green(BG)
Brilliant Violet(BV)
Cadmium Yellow Mid(CYM)
Smoked Pearl(SP)
Cadmium Orange(CO)
Yellow Deep(YD)
Rose Pink(RP)
Diox Purple(DP)
Red Violet(RV)
Napthol Crimson(NC)
Jaune Brilliant(JB)
Brown Madder(BM)
Purple Madder(PM)
Celadon(CD)
Pthalo Blue(PB)
Pthalo Green(PG)
Olive Green(OG)
Sapphire(SPH)
Rich Gold(RG)
Carbon Black(CB)

BRUSHES(브러쉬)

Filberts : No.4, No.6, No.8, No.10
Flats : No.4, No.5
Round : No.5
Quill : No.3

SUPPLIES(기타 준비물)

sand Paper
먹지
Gesso
Satin Varnish
Mediums : Retarde
Flow medium
Clear Glaze

PREPAPATION(바탕준비)

1. 먼저 바탕에 Gesso를 바른 후 깨끗하게 사포한 후 NYH로 전체 2번 바른다. Amethyst를 군데군데 칠한 후 WW와 NHY로 터치해준다. 테두리 부분은 엔틱분위기가 나게 PM+BV을 스폰지에 묻힌 후 위에서 아래로 살짝살짝 터치한다. 그 위에 RG로 다시 터치한다.
2. 그림부분에 RS로 전체를 깔아주고 Clear Glaze Medium을 바른다.

LEAVES(잎)

1. No.8 Filbert브러쉬 BO+HG을 사이드 로딩하여 어두운 부분에 쉐딩한다. 잎 끝부분은 PA로 터치한다.
2. No.8 Filbert브러쉬 BG, AQ, YO, GO, YL, TW을 모두 믹스하여 스트록 한다.
3. 전체 Clear Glaze Medium을 바른다.
4. 1번과 같은 방법으로 다시 한번 더 한다.
5. 붓에 Retarde를 묻히면서 YO, PG, TW, SPH를 모두 믹스하여 스트록 한다.

WHITE ROSE(흰 장미)

1. No.8 Filbert브러쉬에 SP로 스트록 한 후 어두운 부분은 BG+ AIZ로 사이드 로딩한다.
2. Clear Glaze Medium을 바른다.
3. **틴트** : CO로 한다.
   1스트록은 SP로 스트록 하고 2스트록은 TW로 다시 한다.
4. Clear Glaze Medium을 바른다.
5. BM로 어두운 부분은 사이드 로딩한다. 그 위에 TW로 스트록 한다.

PINK ROSE(분홍 장미)

1. No.8 Filbert브러쉬에 RP로 스트록 한 후 어두운 부분 BG+PA로 사이드 로딩한다.
2. Clear Glaze Medium을 바른다.
3. 틴트 : NG로 한다.
   1스트록은 RP, 2스트록은 JB로 다시한다.
4. Clear Glaze Medium을 바른다.
5. BM+CB 어두운 부분 사이드 로딩한다.
   1스트록은 RP+JB, 2스트록은 RP+JB+TW 믹스하여 스트록 한다.

ORANGE ROSE(주황 장미)

- **틴트** : CO, 1스트록 CO, YL, 2스트록에 CO+YL에 YL을 더 묻혀서 스트록 한다. 위에 장미 같은 방법으로 한다.

YELLOW ROSE(노란 장미)

1. **틴트** : OS, 1스트록 (YL+YD)+TW 더블 로딩하여 스트록 한다.
2. 다른 꽃과 같은 방법으로 한다.

PANSY(팬지)

1. CO로 스트록 한 후 어두운 부분 CB+BM 사이드 로딩한다.
2. Clear Glaze Medium을 바른다.
3. 어두운 부분 Round Brush 5호 PM로 Dry하게 쓸어주듯이 스트록 한다.
4. CO로 스트록 해준다. TW로 밝은 부분 스트록 한다.

SMALL VIOLET FLOWER(작은 보라꽃)

1. No.6 Filbert브러쉬에 BP+RP로 스트록 한다. 어두운 부분 BG+PA로 사이드 로딩한다.
2. Clear Glaze Medium 바른다.
3. No.6 Filbert브러쉬에 RV+PA+TW로 스트록 한다.
4. 씨를 BU, YO, WT로 찍어준다.

BLUE FLOWER(작은 보라꽃)

- 보라꽃과 동일한 방법으로 SP+AQ+TW로 한다.

CLOUDY SMALL LEAVES(흐린 작은 잎)

1. 문짝, 서랍장잎 OG+BU+BM를 믹스하여 Clear Glaze를 이용하여 흐리게 그려준다.
2. 줄기는 OG+BU로 Quill Brush를 이용하여 그려준다.

SIDE PICTURE(옆 그림)

1. AT로 사이드 로딩 한 후 TW로 Dry하게 다시 사이드 로딩한다. 라인어로 AT+TW로 선을 긋는다.
2. 안쪽 어두운 사이드 로딩은 AT+RU로 한다.
3. 잎은 문짝, 서랍장과 같은 방법으로 한다.

FINISHING(마감재)

- Satin Varnish 2번 바른다.

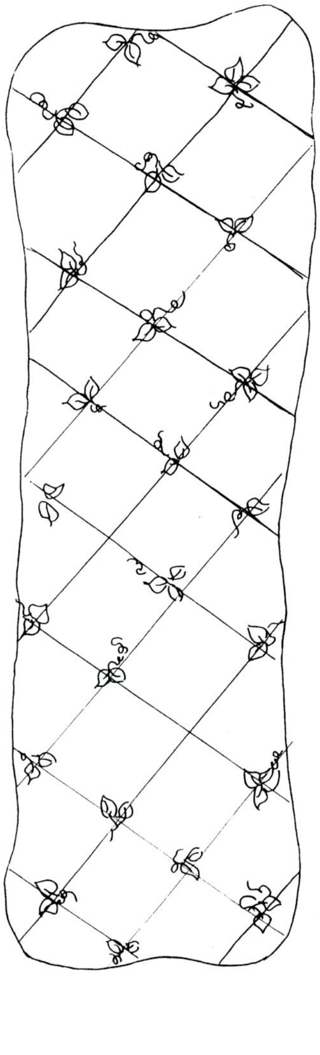

| 신 보 경(Sin Bo Kyoung) |

■ 결혼 전 페션업계에 몸담고 있었으나 결혼 후 전업 주부로 지내다 98년 우연히 스텐실을 접하게 되면서 포크아트를 알게 되어 점점 포크아트에 매력에 푹 빠지게 되었고 다수 전시회를 참가하면서 삶에 기쁨과 자신감이 생기게 되었다. 취미로 시작한 것이 지금은 직업으로서 문화센터, 중, 고등학교, CA 수업에 강사로 활동하며 수강생, 학생들이 즐거워 하며 만족해 하는 모습에 나도 행복함을 느낍니다. 앞으로 더욱더 분발하여 많은 사람이 함께 공유할 수 있는 공예가 되도록 노력하는 강사가 되고 싶습니다.

여신 (Acrylics)

Intarsien

PALETTE(물감)

- JO SONJA'S ARTIST COLORS (조손야물감)
  Turners Yellow(TY)
  Smoked Pearl(SP)
  Pale Gold(PG)
  Gold Oxide(GO)
  Yellow Oxide(YO)
  Rich Gold(RG)
  Titanium White(TW)
  Burnt
  Sienna(BS)
  Naples Yellow Hue(NYH)
  Burnt Umber(BU)
  Burgundy
  Raw Sienna(RS)
  Napthol Crimson(NC)
  Burnished Copper(BC)
  Aqua

BRUSHES(브러쉬)

플랫(Flat) : NO 1, NO $\frac{1}{4}$.
퀼(Quill) : NO 3.
Base 브러쉬
라운드 브러쉬 : NO 3

SUPPLIES(기타 준비물)

All purpose Sealer
Matte Varnish
Retarder Varnish
Clear Graze Medium
Gold Leaf
Tannin sealer
Flow Medium
랩
액자반재
커팅 칼
트래팔지
임시고정용 스프레이

KEY POINT(알아두기)

1. 레깅 : Retarder를 엷게 바른 후 그 위에 물감을 덧칠하여 랩으로 찍거나, 덮거나, 돌리는 등 하여 원하는 모양을 만들어 주는 것.
2. 임시고정용 스프레이 : 필름, 트레팔지, 천, 종이 등을 일시적으로 접착 후 잔사없이 떼내고 재 부착할 수 있게 하는 접착 스프레이.
   - 포스트잇과 같은 접착력.

PREPAPATION(바탕준비)

1. 액자에 All purpose Sealer를 Base브러쉬로 바른 후 사포로 정돈하고 TY를 3번 정도 칠해준다.
2. 트래팔지에 밑그림을 그린 후 임시고정 스프레이를 뿌려서 액자 위에 고정시킨 뒤 커팅 칼을 이용하여 칼자국이 선명하게 나타나도록 커팅해준다. 이때 액자까지 살짝 커팅 되도록 눌러서 커팅한다.

PICTURE FRAME(액자틀)

- 외각스크롤 부분을 세 등분으로 나누어 맨 위를 Ⓐ,두번째 기둥을 Ⓑ, 마지막 부분을 Ⓒ라 부르기로 하자.

1. Ⓐ, Ⓑ, Ⓒ를 제외한 나머지 부분의 트래팔지를 떼어내고 Retarder+Clear Graze Medium +BU를 Mix해 Base브러쉬로 칠한 후 랩으로 찍어준다.
2. 1번이 완전히 마른 다음 1번을 다시 붙여준 후 Ⓐ부분에 꽃과 잎사귀만 남긴 후 나머지 공간의 트래팔지를 떼어내고, Retarder+Clear Graze Medium+BS를 Mix해 플랫 No.1/2 브러쉬로 칠한 후 랩으로 찍어준다.
3. Ⓐ부분의 꽃과 잎사귀는 플랫 No.1/2, 1/4로 BS를 쉐이딩(Shading)해 주는데 잎사귀는 끝과 어두운 부분만 살짝 해준다. 퀼 브러쉬로 BU+Flow Medium을 Mix하여 라인과 잎맥을 그려준다.
   꽃술은 라운드 브러쉬 No.3 로 BU를 점을 찍듯이 타원형으로 찍어준다. 2, 3의 트래팔지를 다시 붙인 뒤 Ⓐ, Ⓒ의 외각스크롤만 떼어낸 후 플랫 No.1/4 브러쉬로 PG를 칠해준 후 완전히 마르면 트래팔지를 다시 붙여놓는다.
4. Ⓑ부분의 외각스크롤 부분의 바깥쪽을 떼어낸 후 BC+BU를 Mix한 색으로 칠해준 뒤 완전히 마르면 다시 트래팔지를 붙여준다. 안쪽 스크롤 부분의 트래팔지를 떼어내고 플랫 No.1/2 브러쉬로 SP+PG를 1:1 로 Mix하여 칠해주고 색을 완전히 말린 후 Retarder+Clear Graze+GO+PG를 Mix하여 색을 칠한 후 랩을 붙여서 주름을 준 뒤 떼어내어 완전히 말려준다.
5. Ⓐ, Ⓑ, Ⓒ부분의 외각스크롤은 안쪽, 바깥쪽 모두 플랫 No.1/2 브러쉬로 BU를 쉐이딩 해준다.
6. 액자테두리를 BU+Burgundy를 Mix하여 Base브러쉬로 2번 칠해준다.
7. 액자 테두리에 Tannin Sealer를 이용해서 Gold Leaf를 붙여준다.

IN PICTURE FRAME(액자 안)

1. 트래팔지를 테두리 부분만 떼어낸 뒤 Base브러쉬로 SP+PG를 1:1비율로 Mix해서 칠해준다.
2. 1번이 완전히 마른 후 그 위에 Base브러쉬로 Retarder+Clear Graze+GO+BS+RS+PG+BU를 Mix하여 어두운 쪽, 밝은 쪽을 표현하면서 옅게 칠해준다.
3. 2번에 랩을 붙인 후 랩을 살짝살짝 주름을 만들어준 뒤 떼어내어 말린다.
   - 이때 마치 대리석 균열과 비슷하도록 주름을 주어야 한다.

FACE, ARM, LEG(얼굴, 팔, 다리)

1. 플랫 No.1/2,1/4로 NC(약간)+TY+TW를 Mix해서 피부색을 칠해준다.
2. GO, BS로 어두운 쪽을 표현해주고 YO, NYH로 그 위에 밝게 표현해준다.
3. TW, NYH 로 튀어나온 부분을 High Light 해준다.
4. BU로 눈과 코, 입술라인을 퀼 브러쉬로 그려준 뒤 완전히 마르면 트래팔지를 붙인다.

HAIR(머리카락)

- 플랫 No.1/2로 BS를 전체적으로 칠해준 후 YO, TW, BU로 그려준 뒤 완전히 마르면 트래팔지를 다시 붙인다.

CLOTHES(옷)

1. 전체라인은 GO를 플랫 No.1 라인은 BU로, 밝은부분은 YO+NYH로 주름라인을 쉐이딩 해준다.
2. 플랫 No.1/2 브러쉬로 Aqua+TW를 전체적 라인에 살짝 쉐이딩 해준다.

3. 입체적으로 보이게 가장 튀어나온 부분은 TW, NYH를 이용하여 High Light 해준 뒤 완전히 마르면 트래팔지를 붙인다.

CHAIR, CLOTH(의자, 천)

1. 의자 천 부분만 트래팔지를 떼어내고 Retarder+Clear Graze+BS를 Mix하여 칠한 후 랩으로 둥글게 돌려가며 지그재그로 찍어준다.

- 메인그림 전체 테두리 부분에 BU로 넓게 쉐이딩(Shading)하여 인물이 앞으로 튀어나오도록 해준다.

FIINISHING(마무리)

- 액자 전체를 Base 브러쉬로 Matte Varnish를 3번 칠해준다.

| 김 은 덕(Kim Eun Duk) |

■ 포크아트를 시작한지 9개월된 수강생입니다. 7-8년 전부터 관심은 갖고 있었지만 이런 저런 핑계로 선뜻 다가가지 못하고 있다가 우연한 기회로 차민 선생님을 만났습니다. 왕복 3-4시간 거리지만 너무 재미있어서 시간가는줄 모르고 다녔습니다. 이제서야 돌아보니 9개월이나 되었네요.
작품 하나하나 끝내면서 느끼는 행복함, 뿌듯함 그리고 성취도!!
저는 포크아트가 결코 쉽다는 생각은 들지 않습니다. 하지만 배우는 과정, 그리고 열심히 노력하면 눈에 보이는 결과들. 여러번의 붓터치로 보이는 멋진 작품들.. 요즘 포크아트의 매력에 푹 빠져 있습니다. 앞으로 5년 ,10년 후의 내 멋진 작품을 위하여 오늘도 제 발길은 포크아트를 배우러 향한답니다.

■ H · P : 016-731-2184

행복이 가득한 집 (Acrylics)

Happiness

PALETTE(물감)

- JO SONJA'S ARTIST COLORS (조손야물감)
  WARM WHITE(WW)
  TITANIUM WHITE(TW)
  TERNERS YELLOW(TY)
  YELLOW OXIDE(YO)
  GOLD OXIDE(GO)
  ROSE PINK(RP)
  NAPTHOL CRIMSON(NC)
  NIMBUS GREY(NG)
  FRENCH BLUE(FB)
  PAYNES GREY(PG)
  PTHALO BLUE
  PRUSSIAN BLUE(PB)
  STORM BLUE(SB)
  CARBON BLACK(CB)
  BROWN EARTH(BE)
  BURNT UMBER(BU)

BRUSHES(브러쉬)

플랫브러쉬 : NO.1 , NO.2 , NO.5 , NO.6 , NO.8
라인너브러쉬 : NO.0
라운드브러쉬 : NO.3

SUPPLIES(기타 준비물)

젯소
무광VANISH
리타더
클리어그렌징 미듐
센드페이퍼
먹지
트레팔지
랩
마스킹테잎
우드스틱

PREPAPATION(바탕준비)

1. 반제품에 젯소를 2번 이상 칠하고 샌딩 해준다.
2. 그 위에 WW로 전체적으로 2번 이상 바른 후 물 사포로 살짝 사포해준 다.
3. 검은 먹지로 도안을 옮겨준다.(이때 다른 곳에 묻어나지 않도록 주의한다.)

TECHNIQUES(기법)

- 인물외곽에 리타더를 발라주고 RP와 TW을 바림하듯 바른 뒤 랩을 사용하여 찍어준다.

BLUE JEANS(청바지)

1. 플랫브러쉬 No.4, No.5를 사용하여 TW, PTHALO BLUE, PB, CB 로 바지마다 색을 적절히 혼합하여 청바지 색을 표현해준다.
2. 버클은 NG로 칠해준다.
3. TW로 청바지에 드라이 브러쉬 작업을 하여 밝은 부분 표현, 어두운 부분은 SB 와 FB로 쉐이딩 해준다.
   - 드라이 브러쉬 : 붓에 물기를 적당히 빼준 후 물감을 묻혀서 마른 천에 닦아준 뒤 쓸어 주는 것.
4. YO와 TW로 청바지에 오래된 느낌을 드라이 브러쉬로 표현해준다.
5. SB와 CB을 MIX해서 어두운 부분이나 주름을 확실히 표현해준다.

CHAIR(의자)

1. 플랫브러쉬 No.5를 사용하여 YO로 칠해준다.
2. 클리어 그렌징미듐과 리타더를 2:1로 섞어 칠한 후 마르기 전에 BU, BE, GO, YO를 섞어 칠하고 우드 스틱으로 나무느낌을 표현, BU로 쉐이딩 해준다.

SKIN(피부)

1. 작은 면은 플랫브러쉬 No.1, No.2를 사용하여 TW, TY, NC으로 스킨톤 색을 만들어 칠해준다.
2. 1번과 GO를 MIX해서 쉐이딩 해준다.
3. 밝은 부분엔 2번에 TW를 MIX해서 H/L 해준다.
   이때 입체적으로 보이게 하기 위하여 제일 밝은 부분에서 어두운 부분 쪽으로 가볍게 브러쉬를 쓸어주듯이 사용하도록 해준다.
4. 얼굴은 라운드브러쉬 No.3로 칠 해 준 뒤 밝은 부분은 TW로 H/L를 해준다.

T-SHIRT(티셔츠)

1. 플랫브러쉬 No.2로 전체적으로 TW로 칠한다.
2. NG, CB을 MIX해서 쉐이딩 해주고, 밝은 곳은 TW로 H/L 해준다.
3. PB를 엷게 워싱 하듯이 밝은 부분과 어두운 경계 부분에 터치해준다.

HAIR(헤어)

- BE, BU를 섞어서 머리색 표현한다.

BACKGROUND(인물주변배경)

- PG로 테두리를 쉐이딩 해준다. BU로 더 어둡게 쉐이딩 해준다.

FIINISHING(마무리)

- 완전히 마른 후 무광 VANISH로 마감한다.

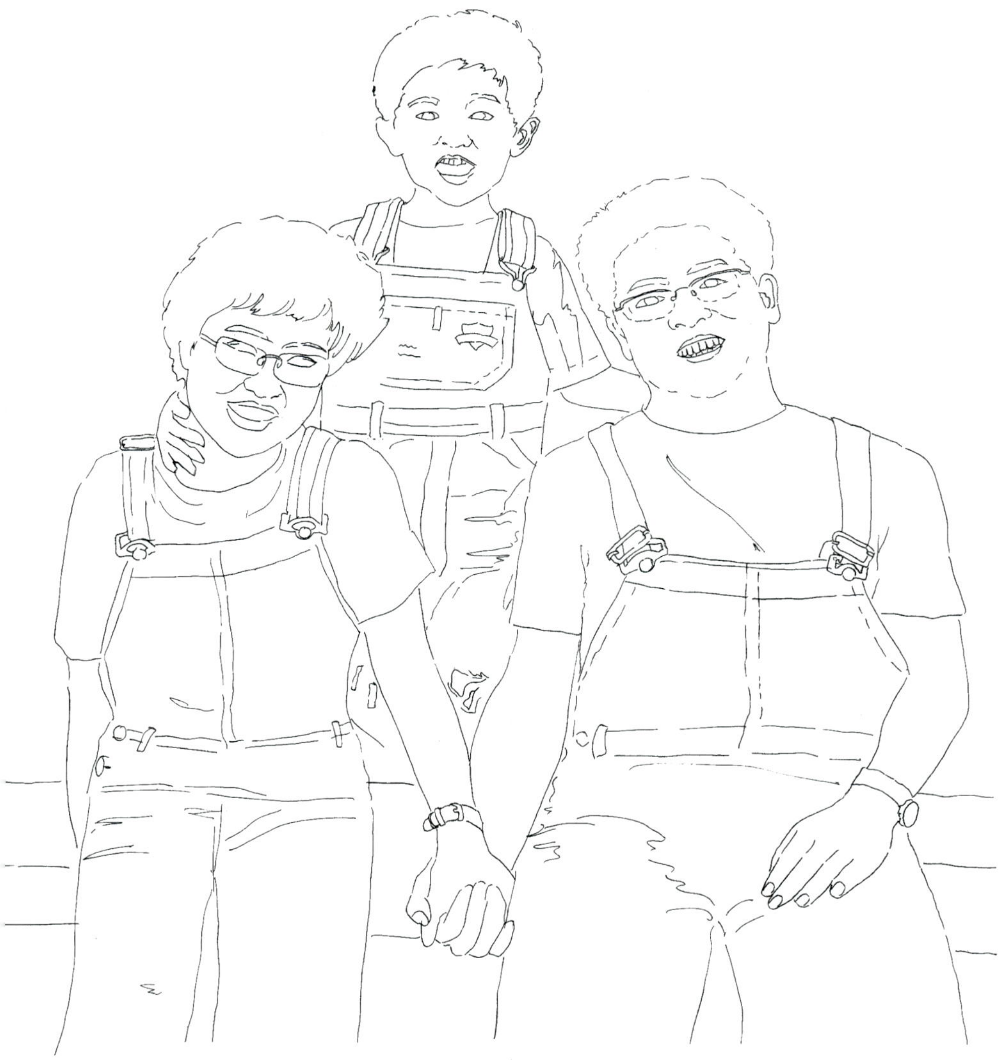

| 김 혜 경 |
(Kim Hye Kyoung)

▪ 포크아트를 접하게 된 때는 강사시절 이었다. 그때만해도 수강생들이 '포크아트가 뭐야? 포크에다 그림 그리는 거야' 감히 이런 식으로 말했을 때다. 나도 그들과 별반 다를 게 없었다. 강사생활을 하며 조금씩 배우다 아이를 갖고 키우느라 그렇듯 아쉬움을 뒤로 하고 몇 년을 그림 그리지 못했다. 그러다 작년부터 부푼 설렘을 앉고 몇년 만에 포크아트를 다시 시작하게 됐다. 비록 너무 오래 쉬어서 처음부터 다시 시작 했지만…

난 무엇이 되기 위해 바쁘게 쫓지 않을 것이다. 열심히 성실히 임하다 보면 어느 순간 그 무엇이 내 삶에 스며 들어와 일부분이 되있을 테니까..

나의 포크아트에 대한 마음이 모든 이에게 전의되길 바라며..

▪ TEL : 02)2677-2532
▪ H · P : 011-233-1975

비밀정원 (Acrylics)

Secret Garden

PALETTE(물감)

- JO SONJA'S ARTIST COLORS (조손야물감)
  Burnt Sienna(BS)
  Smoked Pearl(SP)
  Raw Sienna(RS)
  Raw Umber(RU)
  Storm Blue(SB)
  Jade
  Celadon
  Yellow Oxide(YO)
  Sapphire
  Aqua
  Red Violet(RV)
  Austalian Sienna(AS)
  Titanium White(TW)
  Purple Madder(PM)
  Brown Madder(BM)
  Permanent Alizarine(PIZ)
  Rose Pink(RP)
- Oil Color(오일물감)
  Burnt Umber(BU)

BRUSHES(브러쉬)

필벗브러쉬 : No.2, No.4, No.6, No.8
플랫브러쉬 : No.5
라운드브러쉬 : No.3, No.4
백브러쉬
퀼브러쉬 : No.3

SUPPLIES(기타 준비물)

반제(피아노책상)
All Purpose Sealer
사포
먹지
천(면)
Stylus
Clear Glaze Medium
Retarder Medium
Magic Mix
Matte Varnish

PREPAPATION(바탕준비)

1. All Purpose Sealer를 전체 바르고 사포로 거친 표면을 곱게 사포해 준다.
   사포한 후 그림이 들어가는 부분은 SP로 연하게 칠하고 나머지 부분은 BS로 칠해준다.
2. 완전히 마른 후에 먹지를 대고 디자인을 옮겨준다.
3. 잎, 꽃 부분에 RS로 연하게 베이스 칠해준다.

LEAVES(잎)

• 모든 물감은 Magic Mix와 섞어서 오버 스트록 할 때 자연스럽게 MIX되도록 그려줘야 한다.

1. 잎의 어두운 부분(밑부분)은 잎 크기에 따라서 필벗브러쉬(No.4, No.6, No.8)를 사용하여 RU로 명암을 넣어준다. (토네이도 기법)
2. 잎에 들어갈 색(SB, Jade, Celadeon, YO)을 잎 크기에 따라서 필벗브러쉬(No.4, No.6, No.8)를 사용하여 소량의 TW와 MIX해서 1스트록 해준다.
3. 좀 더 많은 양의 TW+②더티브러쉬와 MIX해서 2스트록 해준다.
4. 잎의 색을 입체적이고 투명하게 보이기 위하여 전체 잎을 Clear Glaze Medium으로 발라준다.
   ▶ Clear Glaze Medium을 바르면 이물질 등이 묻을 경우 쉽게 지울 수 있어 수정작업이 용이함.
5. 플랫브러쉬(No.5)를 사용하여 잎의 중간 중간 Sapphire, Aqua, RV AS로 살짝 TINT 넣어 준다.
6. TW와 소량의 잎에 들어간 색(SB, Jade, Celadeon, YO)을 MIX해서 밝게 하이라이트 해준다.

FLOWERS(꽃)

■ 모든 물감은 Magic Mix와 섞어서 오버스트록 할 때 자연스럽게 MIX되도록 그려줘야 한다.

YELLOW FLOWERS(노란 꽃)

1. 꽃의 어두운 부분은 RU와 PM을 MIX해서 꽃의 크기에 따라서 필벗브러쉬(No.4, No.6, No.8)를 사용하여 명암을 넣어준다.
2. 꽃의 크기에 따라서 필벗브러쉬(No.4, No.6, No.8)를 사용하여 RS로 1스트록 해준다.
3. 꽃의 크기에 따라서 필벗브러쉬(No.4, No.6, No.8)를 사용하여 RS와 TW를 MIX해서 2스트록 해준다.
4. 꽃의 색을 입체적이고 투명하게 보이기 위하여 Clear Glaze Medium으로 발라준다.
5. 꽃의 어두운 부분은 BM으로, 나머지 부분은 AS로 살짝 TINT 넣어준다.
6. TW와 소량의 RS를 MIX해서 밝게 하이라이트 해준다.

BLUE FLOWERS(파란 꽃)

1. 꽃의 어두운 부분은 RU와 SB을 MIX해서 꽃의 크기에 따라서 필벗브러쉬(No.4, No.6, No.8)를 사용하여 명암을 넣어준다.
2. 꽃의 크기에 따라서 필벗브러쉬(No.4, No.6, No.8)를 사용하여 SB로 1스트록 해준다.
3. 꽃의 크기에 따라서 필벗브러쉬(No.4, No.6, No.8)를 사용하여 SB와 TW를 MIX해서 2스트록 해준다.
4. 꽃의 색을 입체적이고 투명하게 보이기 위하여 Clear Glaze Medium으로 발라준다.
5. 꽃의 어두운 부분은 RV으로, 나머지 부분은 AS로 살짝 TINT 넣어준다.
6. TW와 소량의 SB를 MIX해서 밝게 하이라이트 해준다.

RED FLOWERS(붉은 꽃)

1. 꽃의 어두운 부분은 RU와 PA와 RP를 MIX해서 꽃의 크기에 따라서 필벗브러쉬(No.4, No.6, No.8)를 사용하여 명암을 넣어준다.
2. 꽃의 크기에 따라서 필벗브러쉬(No.4, No.6, No.8)를 사용하여 PA와 RP를 MIX해서 1스트록 해준다.
3. 꽃의 크기에 따라서 필벗브러쉬(No.4, No.6, No.8)를 사용하여 PA와 RP와 TW를 MIX해서 2스트록 해준다.
4. 꽃의 색을 입체적이고 투명하게 보이기 위하여 Clear Glaze Medium으로 발라준다.
5. 꽃의 어두운 부분은 BM으로, 나머지 부분은 AS로 살짝 TINT 넣어준다.
6. TW와 소량의 PA 및 RP를 MIX해서 밝게 하이라이트 해준다.

WHITE FLOWERS(흰꽃)

1. 꽃의 어두운 부분은 PM과 PA를 MIX해서 꽃의 크기에 따라서 필벗브러쉬(No.4, No.6, No.8)를 사용하여 명암을 넣어준다.
2. 꽃의 크기에 따라서 필벗브러쉬(No.4, No.6, No.8)를 사용하여 SP로 1스트록 해준다.

3. 꽃의 크기에 따라서 필벗브러쉬(No.4, No.6, No.8)를 사용하여 SP와 TW를 MIX해서 2스트록 해준다.
4. 꽃의 색을 입체적이고 투명하게 보이기 위하여 Clear Glaze Medium으로 발라준다.
5. 꽃의 어두운 부분은 BM으로, 나머지 부분은 AS로 살짝 TINT 넣어준다.
6. TW와 소량의 SP로 밝게 하이라이트 해준다.

■ 1차 작업이 완전히 마른 뒤 전체 Clear Glaze Medium을 바르고, 완전히 마른 다음 2차 작업을 해준다.

TINT(색채)

■ BM, AS, RV, Aqua를 플랫브러쉬 No.5를 사용하여 살짝 TINT 넣어준다.

HIGHLIGHT(하이라이트)

■ 빛이 가장 밝은 중앙부분에는 잎색+TW 또는 꽃색+TW를 필벗브러쉬를 사용하여 밝게 하이라이트 해준다.

A FLOWER SEED(꽃씨)

■ 라운드브러쉬 No.4를 사용하여 PM을 찍고 그 위에 YO를 찍고 그 위에 TW로 하이라이트 해준다.

SMALL LEAVES(작은 잎)

■ PM과 RU를 MIX해서 연하게 그려준다.

SMALL TRUNK(작은 줄기)

■ OG와 RU를 MIX해서 필벗브러쉬 No.2로 연하게 그려준다.

VEIN, LINE(잎맥, 라인)

■ PM과 RU를 MIX해서 퀼브러쉬 No.3로 유동제를 사용하여 자연스럽게 그려준다.

BASE(베이스)

■ Retarder를 바르고 AS를 살짝 펴 바른 후, 사이드에는 PM과 RU를 MIX해서 쉐이드 한 다음 모프브러쉬로 바림해준다.
마지막으로 깨끗한 천을 사용하여 Oil Color BU를 사이드쪽으로 어둡게 그라데이션 시키며 닦아준다.

FIINISHING(마무리)

■ 완전히 마르고 나면, Matte Varnish로 뿌려서 마감 해준다.

➡

| 김 혜 진 | (Kim Hye Jin)

인테리어에 관심이 많아 취미삼아 시작한 포크아트가 어언 6년이란 시간이 지났습니다.
이제는 전문인이 되어 내 생활의 일부분으로 자리잡게 되었고 내가 하고 싶은 일을 하면서 나만의 생활의 여유를 만드는 것이 즐겁고 행복합니다.
현재는 일산 그랜드백화점 문화센터 및 Home Class 수강생들과 함께 재미있고 유익한 수업을 진행하고 있습니다.
앞으로도 혼자만이 아닌 다른 모든이에게 행복을 줄 수 있는 자신만의 색깔을 지닌 공예인이 되고자 합니다.

- 수원대학교 사회교육원 핸디크라프트(포크아트) 과정 수료
- 한국 수공예협회 정회원
- 한국 공예기능협회 정회원
- 2002 Working Women Living Fair 전시
- 2003 한국 포크아트 갤러리협회 "I Love You" 전시
- 그랜드백화점 일산점 포크아트 강사

꽃수레 (Acrylics)

PALETTE(물감)

- JO SONJA'S ARTIST COLORS(조손야물감)
  - PLUM PINK(P/P)
  - WARM WHITE(W/W)
  - TITANIUM WHITE(T/W)
  - SMOKED PEARL(S/P)
  - RAW SIENNA(R/S)
  - OLIVE GREEN(O/G)
  - AQUA
  - PTHALO BLUE(P/B)
  - YELLOW DEEP(Y/D)
  - PERMANENT ALIZARINE
  - BURNISHED COPPER(B/C)
  - CADMIUM ORANGE(C/O)
  - PURPLE MADDER(P/M)
  - BROWN MADDER(B/M)
  - CADMIUM YELLOW LIGHT
  - PINE GREEN(P/G)
  - BURN TUMBER(B/T)
  - BRILLIANT GREEN(B/G)
  - SAP GREEN(S/G)

BRUSHES(브러쉬)

필벗브러쉬 : No.2, No.4, No.6, No.8
라이너브러쉬 : No.3
빽붓 : No.10

PREPAPATION(바탕준비)

- 사포 : No.220
- RETARDER
- GLOSS VANISH
- 트레팔지
- 도트
- 검은색 먹지
- PLEDGE(광택제)

BASE(기초)

1. P/PINK+W/WHITE+S/PEARL을 섞어서 칠해준다.
2. 사포로 No.220번으로 전체를 밀어준다.
3. 모서리 부분은 B/COPPER로 칠해준다.

LEAVES(나뭇잎)

1. R/SIENNA로 BASE를 깔아준다.
2. RETARDER를 칠해준 뒤, 어두운 부분은 P/GREEN으로 연하게 깔아준다.
3. 나뭇잎 끝부분은 A/Z으로 깔아준다.
4. Y/LIGHT와 W/WHITE를 MIX해서 스트록을 올려준 다음, T/WHITE로 오버스트록 해준다.
5. 전체적으로 나뭇잎을 AQUA나 B/GREEN으로 틴트를 넣어준다.

WHITE FLOWER(하얀 꽃)

1. R/SIENNA로 BASE를 깔아준다.
2. RETARDER를 칠해준 뒤, 어두운 부분은 B/MADDER으로 넓게 펴서 깔아준다.
3. S/PEARL로 전체적으로 스트록을 넣어준 뒤, W/WHITE와 S/PEARL을 MIX하여 오버스트록을 넣어준다.
4. T/WHITE로 하이라이트를 넣어준다.
5. 마지막으로 S/GREEN과 Y/LIGHT로 틴트를 넣어준다.

YELLOW FLOWER(노란 꽃)

1. R/SIENNA로 BASE를 깔아준다.
2. RETARDER를 칠해준 뒤, 어두운 부분은 P/MADDER으로 넓게 펴서 깔아준다.
3. Y/DEEP으로 전체적으로 스트록을 넣어준 뒤, Y/DEEP과 Y/LIGHT를 MIX하여 오버스트록을 넣어준다.
4. W/WHITE+T/WHITE를 MIX하여 하이라이트를 넣어준다.
5. 마지막으로 S/GREEN과 Y/LIGHT로 틴트를 넣어준다.

ORANGE FLOWER(주황 꽃)

1. R/SIENNA로 BASE를 깔아준다.
2. RETARDER를 칠해준 뒤, 어두운 부분은 P/MADDER으로 넓게 펴서 깔아준다.
3. C/ORANGE+Y/LIGHT를 MIX해서 스트록을 넣어준 뒤, C/ORANGE+W/WHITE를 MIX해서 오버스트록을 넣어준다.
4. T/WHITE로 하이라이트를 넣어준다.
5. 마지막으로 S/GREEN과 Y/LIGHT로 틴트를 넣어준다.

TULIPS(튤립)

1. R/SIENNA로 BASE를 깔아준다.
2. RETARDER를 칠해준 뒤, 어두운 부분은 B/MADDER으로 넓게 펴서 깔아준다.
3. S/PEARL로 전체적으로 스트록을 넣어준 뒤, W/WHITE와 S/PEARL을 MIX하여 오버스트록을 넣어준다.
4. T/WHITE로 하이라이트를 넣어준다.
5. 마지막으로 R/SIENNA로 전체적으로 틴트를 넣어준다.

SMALL FLOWER(작은 꽃)

1. R/SIENNA로 BASE를 깔아준다.
2. RETARDER를 칠해준 뒤, 어두운 부분은 P/MADDER로 깔아준다.
3. S/PEARL로 전체적으로 스트록을 넣어준 뒤, W/WHITE와 S/PEARL을 MIX하여 오버스트록을 넣어준다.
4. T/WHITE로 하이라이트를 넣어준다.

BIRD(새)

1. R/SIENNA로 BASE를 깔아준다.
2. 어두운 부분은 P/BLUE로 넓게 펴서 깔아준다.
3. 그 위에 W/WHITE로 오버스트록을 해준다.
4. T/WHITE로 틴트를 넣어준다.
5. 부리는 B/TUMBER로 색칠해준다.

FIINISHING(마무리)

- GLOSS VANISH로 5번 이상으로 발라준 뒤, 광택제를 뿌려 닦아준다.

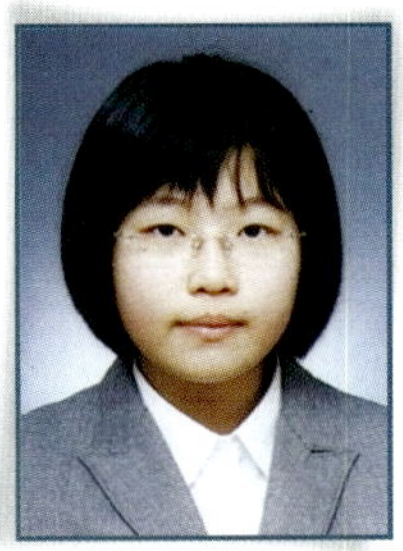

| 강 동 연(Kang Dong Yun) |

- 나이 : 15세
- 하게 된 동기 : 골목을 지나가다 우연히 작고 아담한 가게가 있어서 호기심에 들어가 보았는데 너무 이쁘고, 아기자기한 그림들이 내마음속에 들어와 그때부터 하게 되었다.
- 앞으로 포크아트에 대한 꿈 : 나처럼 학생들이 배우게 되면 학교도 포크아트 학교를 갈수 있게 포크아트만 전문적으로 배울수 있는 학교를 만들고 싶다. 그리고 포크아트 대회도 개최하여 포크아트에 대해 많이 알리고 싶다.

우산꽂이 (Acrylics)

PALETTE(물감)

Raw Sienna(RS)
Yellow Oxide(YO)
Naples Yellow Hue(NYH)
Gold Oxide(GO)
Brown Earth(BE)
Burnt Umber(BU)
Warm White(WW)
Titanium White(TW)
Yellow Light(YL)
Storm Blue(SB)
Carbon Black(CB)
Pine Green(PG)
Norweigian Orange(NO)
Moss Green(MG)
Hookers Green(HG)
Purple Madder(PM)
Diox Purple(DP)

BRUSHES(브러쉬)

필벗 No. 6
필벗 No. 4
라운드브러쉬 No. 5, No. 2
퀼브러쉬 No. 3

SUPPLIES(기타 준비물)

All Purpose Sealer
Retarder medium
Clear Glaze Medium
Flow Control Medium
Texture Paste
Gloss Vanish
스폰지

PREPAPATION(바탕준비)

■ 실러를 바른 뒤 사포를 깨끗하게 해준다. YO로 전체를 칠해준 뒤, YO, NYH, GO, BE, BU로 스폰지 바림한다. (안쪽을 밝은색으로 시작하여 가장자리까지 점점 어둡게 경계없이 스폰지 바림함) 완전히 마른 후 밑그림을 그린다. 밑그림에 RS로 한번씩 칠한다.

FACE, HAND(얼굴, 손) : 여자, 남자

■ GO+TW(1:9)정도로 얼굴과 손에 칠해준다.
GO+TW(3:7)정도로 얼굴에 음영을 넣어준다.

HAIR(머리카락) : 여자, 남자

■ BU, GO+BE, YL을 적절히 이용하여 머리카락 표현을 해준다.

DRESS, RIBBON, LEG(원피스, 리본, 다리) : 여자

■ SB로 원피스, 리본, 다리에 칠해준다. SB+TW로 밝은곳을 칠해준 뒤, SB+CB로 어두운곳을 칠해준다.

APRON(앞치마)

■ WW로 앞치마를 칠해준다. BE로 어두운 부분을 칠해준 뒤, WW, MG을 이용하여 밝은곳을 표현한다.(주름을 표현해준 뒤 앞치마의 볼륨감을 더 살리기 위하여 WW로 밝은 곳을 살짝 터치해준다.)

JACKET, JEAN(자켓, 바지) : 남자

■ SB로 자켓과 바지를 칠해준다. SB+CB로 어두운 곳을 칠해준 뒤, SB+TW로 밝은곳을 칠해준다. TW로 바지의 라인을 그려준다.

SHIRT, TOWEL(셔츠, 수건) : 남자

■ WW로 셔츠와 수건을 칠해준다. BE로 어두운 곳을, NYH로 밝은 곳을 칠해준다.(경계없이)

WINE GLASS(와인잔) : 남자

■ 와인은 BS로 칠해주고, 와인의 밝은부분은 GO로 칠해준다. 와인잔은 WW로 라인을 그려준 뒤 잔 안쪽으로 드라이터치를 해준다.

BODY(몸) : 강아지

■ BS로 강아지 몸을 칠해준다. BU로 어두운 곳을, NYH, YO로 밝은 곳을 칠해준다.

CLOTHES(옷) : 강아지

■ NC로 옷을 칠해준다. BU로 어두운 곳을, YO로 밝은 곳을 칠해준다.

FLOWER(꽃)

■ 꽃을 Texture Paste로 두껍게 올려준다. NO로 Back를 칠해준 뒤, YL, NO로 꽃을 그려준다.

SMALL A LEAF(작은 잎사귀)

■ PG에 MG을 사이드로딩해서 그려주고 어두운곳을 HG로 쉐이딩 해준다.
HG으로 라인을 그려준다.

BIG A LEAF(큰 잎사귀)

■ PG, HG, BM, YO를 이용하여 수채화기법으로 그려준다.

SNAIL(달팽이)

■ Texture Paste로 달팽이 모양을 두툼하게 올려주고, NYH로 Back을 칠해준다. BU, BE로 어두운 부분을 칠해주고, NYH로 밝은 부분을 칠해준다.

GRAPES(포도)

■ Texture Paste로 포도송이를 올려준다. PM로 Back을 칠해준다. DP로 어두운 곳, NYH로 밝은 부분을 칠해준다. TW로 밝은 부분에 살짝 쉐이딩을 넣어준다.

FORK, KNIFE, BALANCE, PAN(포크, 칼, 저울, 냄비)

■ NYH Back를 칠해준다. BE, BU로 어두운 곳, NYH로 밝은 곳을 칠해준다.

MUSHROOM(버섯)

■ YO로 Back를 칠해준다. BE로 어두운 곳, NYH로 밝은 곳을 칠해준다. BU로 어두운 곳에 쉐이딩을 살짝 해준다.

EYE, NOSE, LIP(눈, 코, 잎) : 여자, 남자

- BE로 너무 만화 같지 않게 그려준다.

LINE(선)

- 라인의 색은 그림의 색상에 따라 맞춰 그려준다.

FINISH(마감)

- Gloss Vanish로 마감을 해준다.

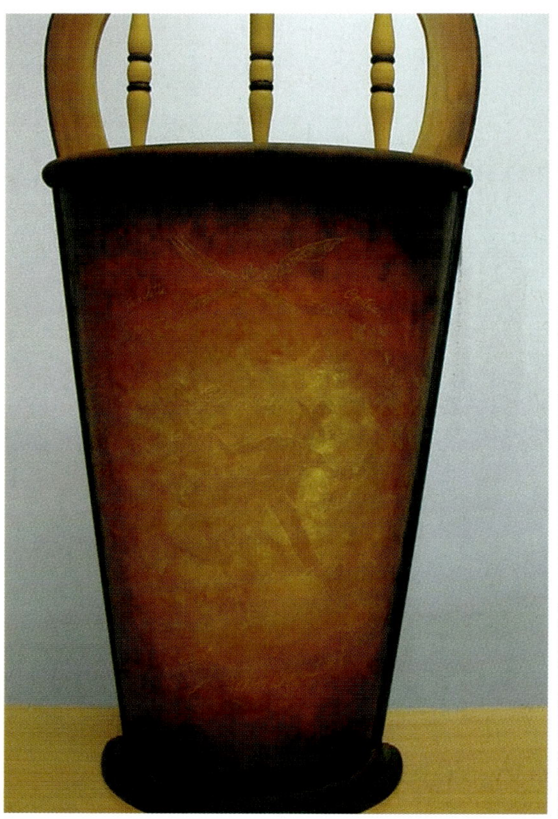

| 박 수 정(Bak Soo Jung) |

- 2004년 한국문화센터 포크아트 사범자격 취득
- 2004년 11월 한국문화센터 성남지부 강사
- 2004년 10월 한국포크아트갤러리협회 전국 회원전(청주) 참가
- 2005년 현재 한국문화센터 구리지부 강사

정원 의자 (Acrylics)
Garden Bench

PALETTE(물감)

- JO SONJA'S ARTIST COLORS (조손야물감)
  - Raw sienna(RS)
  - Warm White(WW)
  - Fawn
  - Provincial Beige(PB)
  - Plum Pink(PP)
  - Burnt Sienna(BS)
  - Indian Red Oxide(IRO)
  - Red Violet(RV)
  - Teal Green(TG)
- Americana
  - Summer Sky(SS)
  - gingerbread
  - Antique White
  - Hauser Medium Green
  - Jade Green(JG)
- Back Ground
  - Vellum

BRUSHES(브러쉬)

no. 1/2 Flat
no. 1/3 Flat
no. 8 Filbert
no. 4 Filbert
no. 3 Round
Liner

SUPPLIES(기타 준비물)

sand Paper
먹지
Gesso
Matte Finish
Satin Finish
Clear Glaze Medium
Flower Medium

PREPAPATION(바탕준비)

1. Gesso를 2번 칠한 후, Vellum도 2번 칠해 준다.
2. W.W를 워시하게 한번 더 칠해준다.
3. filbert No.8, No.6을 사용해서 RS로 전체 Base를 가볍게 깔아준다.
   - 모든 그림은 Clear Graze M과 유동제를 Mix해서 그려준다.

LEAVES(잎)

- 잎도 역시 filbert을 사용해서 JG로 Stroke를 해주고, TG와 BS 또는 IRO를 섞어 어두운 명암을 넣어준 후, Gingerbread, Hauser Medium Green → Antique White 순으로 Stroke 해준다.

FLOWER(꽃)

- filbert과 round 붓을 사용해서 PP와 Antique White로 Base를 깔아주고 PP와 BS, BS와 IRO 또는 RV를 섞어서 stroke 해준 후, Antique White와 WW로 H/L 해준다.

BIRD, BUTTERFLY, ETC(새, 나비, 기타)

1. 잎과 꽃에 쓰인 Color를 번갈아 가며 쓴다.
2. Fawn/PB로 형태를 표현하고, IRO와 BS로 어두운 곳을 Shade 해주고 Antique White와 WW로 밝은 곳을 shade 해준다.

FINISHING(마감재)

- Matte Finish와 Satin Finish를 번갈아 가며 5회 이상 칠해준다.

➡

➡

➡

| 송 희 주 | (Song Hee Joo)

비가 오는 오늘 같은 날 공원 옆에 있는 shop은 운치가 그만이다. 전시회 준비로 힘은 들지만 완성되어가는 작품을 보며 흐뭇한 미소를 지어본다.

설레이는 마음 (Acrylics)

PALETTE(물감)

· JO SONJA'S ARTIST COLORS (조손야물감)

Smoked Pearl(SP)
Pine Green(PG)
Raw Umber(RU)
Yellow Oxide(YO)
Hookers Green(HO)
Brown Earth(BE)
Rose Pink(RP)
Permanent Alizarine(PA)
Yellow Light(YL)
Ultramarine Blue(UB)
Prussian Blue(PB)
Yellow Deep(YD)
Titanium White(TW)
Sapphire, Diox Purple(DP)
Purle Madder(PM)
Trans Magents(TM)
Burnt Umber(BU)
Jade
Celadon
Aqua
Jaune Brillart(JB)
Carbon Black(CB)
Olive Green(OG)

BRUSHES(브러쉬)

필벗 브러쉬 : NO. 2, NO. 10
라이너 브러쉬 : NO. 1

SUPPLIES(기타 준비물)

반제(액자)
사포
검정먹지
All Purpose Sealer
Flow Medium
Clear Glaze Medium
Magic Mix

PREPAPATION(바탕준비)

■ 바탕을 사포로 하고 SP를 진하게 바르고 도안을 뜬 다음 No.10 flat 브러쉬를 이용해서 RU로 연하게 음영을 준다.

LEAVES(잎)

• Brown Earth 토너 항상 믹스

1. No.10 flat 브러쉬를 이용해서 PG+YO+Clear Graze M을 믹스해서 칠해준다.
2. 같은 브러쉬로 HG+BU+Clear Graze M 사이드로딩 해서 어두운쪽을 깔아준다.
3. 역시 같은브러쉬로 밝은쪽 Celadon+Clear Graze M 사이드로딩해서 1스트록 해준다.
4. Clear Graze M 바른다.
5. 같은 브러쉬로 PG+YO+TW+Magic M을 묻혀서 밖에서 안쪽으로 2스트록 해준다.
   다시 TW을 더묻혀 안쪽 하이라이트를 오버스트록 한다.
6. Clear Graze M 바르고, 전체 OL+RU+Retarder M+Clear Graze M으로 칠하고 랩을 이용해 찍어준다.
7. TM로 잎 끝에 틴트 넣기
   중앙 하이라이트에만 Jade+Celdon+YO+TW+M.Mix 스트록 해준다.

PINK ROSE, FIVE PINK LEAVES(분홍장미, 분홍다섯꽃잎)

• Brown Earth 토너 항상 믹스

1. 10 flat 브러쉬를 이용해서 RP+Clear Graze M을 믹스해서 연하게 칠해준다.
2. 같은 브러쉬로 BE+PA+Clear Graze M 사이드로딩해서 어두운쪽을 깔아준다.
3. 클리어그레인징M을 다시 발라준다.
4. 같은 브러쉬로 Magic Mix+TW+Antique Rose 믹스해서 밝은쪽은 뒤로 갈수록 짧게 스트록하고 다시 TW을 사이드로딩해서 하이라이트 오버스트록 한다.
5. Clear Graze M 바르고, 전체 OL+RU+Retarder M+Clear Graze M으로 칠하고 랩을 이용해 찍어준다.
6. 어두운쪽 PM로 깔아주고 TM으로 틴트해 준다.
   JB+M. Mix해서 밝은쪽은 뒤로 갈수록 짧게 스트록 해주고 TW더 믹스해서 하이라이트를 오버스트록 해 준다.

WHITE ROSE, FIVE WHITE LEAVES(흰장미, 흰다섯잎)

• Brown Earth 토너 항상 믹스

1. 10 flat 브러쉬를 이용해서 SP+Clear Graze M을 믹스해서 연하게 칠해준다.
2. 같은 브러쉬로 BE+PA+Clear Graze M 사이드로딩 해서 어두운쪽을 깔아준다.
3. 클리어그레인징M을 다시 발라준다.
4. 같은 브러쉬로 Magic Mix+SP+TW을 믹스해서 밝은쪽, 뒤로 갈수록 짧게 스트록해 주고 다시 TW을 Mix해서 사이드로딩해서 하이라이트 오버스트록 해준다.
5. Clear Graze M 바르고, 전체 OL+RU+Retarder M+Clear Graze M으로 칠하고 랩을 이용해 찍어준다.
6. 어두운쪽 PM로 깔아주고 TM으로 틴트해 준다.
   M.Mix+TW 하일라이트를 다시 한번 오버스트록 해준다.

YELLOW ROSE(노란 장미)

• Brown Earth 토너 항상 믹스

1. 10 flat 브러쉬를 이용해서 YL+Clear Graze M을 믹스해서 연하게 칠해준다.
2. 같은 브러쉬로 BE+PA+Clear Graze M 사이드로딩해서 어두운쪽을 깔아준다.
3. Clear Graze M을 다시 발라준다.
4. 같은 브러쉬로 Magic Mix+YD 믹스해서 밝은쪽 뒤로갈수록 짧게 스트록하고 다시YD+YL+TW+M.Mix을 하이라이트 2 스트록한다.
5. Clear Graze M 바르고, 전체 OL+RU+Retarder M+Clear Graze M으로 칠하고 랩을 이용해 찍어준다.
6. 어두운쪽 PM로 깔아주고 TM으로 틴트해 준다.
   다시 YD+YL+TW+M.Mix 믹스해서 밝은쪽, 뒤로 갈수록 짧게 스트록해 주고 TW 더 믹스해서 하이라이트를 오버스트록 한다.

BLUE ROSE(파란 장미)

• Brown Earth 토너 항상 믹스

1. 10 flat 브러쉬를 이용해서 UB+Clear Graze M을 믹스해서 연하게 칠해준다.
2. 같은 브러쉬로 PB+BE+Clear Graze M 사이드로딩 해서 어두운쪽을 깔아준다.
3. Clear Graze M을 다시 발라준다.

4. 같은 브러쉬로 Magic Mix+Sapphire+DP을 믹스해서 밝은쪽, 뒤로 갈수록 짧게 스트록하고 다시 TW을 사이드로딩 해서 하이라이트 2 스트록한다.
5. Clear Graze M 바르고, 전체 OL+RU+Retarder M+Clear Graze M으로 칠하고 랩을 이용해 찍어준다.
6. 어두운쪽 PM로 깔아주고 TM으로 틴트 넣어준다. Aqua+Sapphire+white+Magic Mix해서 밝은쪽, 뒤로 갈수록 짧게 스트록 해주고 TW 더 믹스해서 하이라이트 오버스트록 한다.

BIRD(새)

• Brown Earth 토너 항상 믹스

1. 배 : UB+Clear Graze M
   어두운쪽 – PB+BE+Clear Graze M
   날개 : TL+클리어그레인징M
   어두운쪽 – PA+BE+Clear Graze M
   머리 : PA+BE+Clear Graze M
2. Clear Graze M 바르고, 전체 OL+RU+Retarder M+Clear Graze M으로 칠하고 랩을 이용해 찍어준다.
3. 배 : M.Mix+Sapphire+DP+BE
   날개 : YL+YD+TW+M.Mix+BE
   머리 : RP+AR+BE+M.Mix RP로 칠해준 후 JB로 브랜딩 시킨후 TW로 사이드로딩 해준다.
   입 : 라이너 브러쉬를 이용해 YO+Flow M 로 그려준다. BU+Flow M 머리 라인 그려준다.
   새눈 : 라이너 브러쉬를 이용해 PB+CB+Flow M믹스해서 눈을 그려준다.

FINISHING(마무리)

1. 줄기 : No.2 flat 브러쉬를 이용해 OG+Flow M 줄기를 그려준다.
2. 씨 : No.2 flat 브러쉬를 이용해 어두운 부분 PG를 전체 깔고 YL를 브랜딩 시킨후 TW로 틴트를 준다.
   2 flat 브러쉬를 이용해 어두운 부분 BU를 전체깔고 PG과 YL순으로 브랜딩 시킨후 라이너브러쉬를 이용해서 PM+Flow을 Mix해서 씨라인을 그려준다.
3. 전체를 글로스 바니쉬를 5번 정도 바르고 마감해준다.

| 우 은 미(Woo Eun Mi) |

- 2004. 10. 한국포크아트갤러리 협회 전시회 참가
- 2004. 12. 05 한국포크아트갤러리협회 자격증 취득
- 2005. 4월부터 지금 현재 경기도 시흥 대흥중학교 CA강사 활동중
- 2005. 8월부터 지금 현재 풀잎문화센터 구로공단 지부 포크아트 강사 활동중
- 2005. 8. 02. 한국 수공예협회 구로 디지털단지 정회원

향수 (Acrylics)

Perfume

PALETTE(물감)

- JO SONJA'S ARTIST COLORS (조손야물감)

Warm White(W/W)
Titanium White(T/W)
Smoked Pearl(S/P)
Nimbus Grey(N/G)
Raw UmberR/U
Yellow Light(Y/L)
Yellow Oxide(Y/O)
Raw Sienna(R/S)
Austrailian Sienna(A/S)
Pine Green(P/G)
Teal Green(T/G)
Sap Green(S/G)
Pthalo Green(Pth/G)
Aqua,Storm Blue(S/B)
Sapphire
Rose Pink(R/P)
Purple Madder(P/M)
Permanent Alizarine(AIZ)

BRUSHES(브러쉬)

필벗 브러쉬 : No.2. No.4. No6
라운드 브러쉬 : No.5
평붓 : No.5. No.10
퀼 브러쉬 : No.2

SUPPLIES(기타 준비물)

반제품(화장대, 의자)
화이트 먹지
사포
all purpose sealer
Reatarder medium
clear glaze medium
flow medium
gloss varnish
matt finish
Kleister medium
gesso primer

PREPAPATION(바탕준비)

1. 먼저 바탕을 깨끗하게 사포 한 후 실러를 칠해준다.
2. 젯소를 바르고 말린 후 다시 사포한 후 N/G로 바탕칠 해준다.
3. 리타더를 칠해주고, NG, RU, SP을 평붓 10호로 mixing 해준다.
4. 바탕작업이 밀리지 않도록 clear를 도포해준다.
5. 완전히 말린 후 밑그림을 그려준다.

BRIGHT LEAVES(밝은 잎)

1. RU로 베이스 작업해준다 .
2. 리타더를 칠한 후 필벗 4호를 사용하여 PG으로 1차 스트록 해준다.
3. PG과 RU를 믹스해서 토네이도 해준다.
4. 토네이도한 색상에 R/S와 S/P를 믹스해서 2차 스트록 해준다.
5. 2차 스트록 색상에 W/W Mix한 색상으로 3차 스트록 한다.
6. P/M로 쉐딩 후 kleister에 T/W를 섞어 하이라이트를 표현해준다.
7. 퀼브러쉬로 P/G과 R/U를 믹스해서 flow medium을 섞어가며 라인작업 해준다.

DARK LEAVES(어두운 잎)

1. R/U로 베이스 작업해준다 .
2. 리타더를 칠한 후 필벗 No.4호를 사용하여 T/G으로 1차 스트록 해준다.
3. T/G과 R/U를 Mix해서 토네이도 해준다.
4. 토네이도한 색상에 Aqua와 S/P을 Mix해서 2차 스트록 해준다.
5. 2차 스트록 색상에 W/W 믹스한 색상으로 3차 스트록 한다.
6. P/M로 쉐딩 후 Pth/G로 tint해준 후 kleister에 T/W를 섞어 하이라이트를 표현해준다.
7. 퀼브러쉬로 P/G과 R/U를 믹스해서 flow medium을 섞어가며 라인작업 해준다.

PINK ROSE(분홍 장미)

1. R/U로 베이스 작업해준다.
2. 리타더를 칠한 후 필벗 6호를 사용하여 R/P로 1차 터치 해준다.
3. R/P에 S/P을 믹스해서 2차 터치해준다.
4. 2차 터치 색상에 T/W를 섞어서 3차 터치해준다.
5. T/W에 kleister를 섞어가며 하이라이트를 표현해준다.
6. S/G, Sapphire, Aqua 등으로 주변 색상에 맞게 tint해준다.
7. 꽃심은 리타더를 칠한 후 AIZ으로 칠하고, 둥근 붓으로 R/U, Y/O, Y/L, T/W를 차례로 밝게 올려준다.

YELLOW ROSE(노란 장미)

1. R/U로 베이스 작업해준다.
2. 리타더를 칠한 후 필벗 6호를 사용하여 R/S로 1차 터치 해준다.
3. R/S에 W/W를 믹스해서 2차 터치해준다.
4. 2차 색상에 T/W를 섞어서 3차 터치해준다.
5. T/W에 kleister를 섞어가며 하이라이트를 표현해준다.
6. A/S로 tint해준다.
7. 꽃심은 리타더를 칠한 후 P/A으로 칠하고, 둥근 붓으로 R/U, Y/O, Y/L, T/W를 차례로 밝게 올려준다.

WHITE POPPY(흰 포피)

1. R/U로 베이스 작업해준다.
2. 리타더를 칠한 후 필벗 6호를 사용하여 S/P로 1차 터치 해준다.
3. S/P에 W/W를 믹스해서 2차 터치해준다.
4. 2차 색상에 T/W를 섞어서 2차보다 밝게 3차 터치해준다.
5. T/W에 kleister를 섞어가며 하이라이트를 표현해준다.
6. R/P, Aqua, S/G 등으로 주변 색상에 맞게 tint해준다.
7. 꽃심은 리타더를 칠한 후 P/A으로 칠하고, 둥근 붓으로 R/U, Y/O, Y/L, T/W를 차례로 밝게 올려준다.

BLUE POPPY(파란 포피)

1. R/U로 베이스 작업해준다.
2. 리타더를 칠한 후 필벗 6호를 사용하여 S/B와 S/P을 믹스해서 1차 터치해준다.
3. 1차 색상에 S/P을 믹스해서 1차보다 밝게 2차 터치해준다.
4. 2차 색상에 T/W를 섞어서 3차 터치해준다.
5. Sapphire에 T/W를 믹스하여 kleister를 섞어가며 하이라이트를 표현해준다.
6. R/P 등으로 주변 색상에 맞게 tint해준다.
7. 꽃심은 리타더를 칠한 후 P/A으로 칠하고, 둥근 붓으로 R/U, Y/O, Y/L, T/W를 차례로 밝게 올려준다.

YELLOW POPPY(노란 포피)

1. R/U로 베이스 작업해준다.
2. 리타더를 칠한 후 필벗 6호를 사용하여 R/S로 1차 터치해준다.
3. R/S에 W/W를 믹스해서 2차 터치해준다.
4. 2차 색상에 T/W를 섞어서 3차 터치해준다.
5. T/W에 kleister를 섞어가며 하이라이트를 표현해준다.
6. A/S로 tint해준다.
7. 꽃심은 리타더를 칠한 후 P/A으로 칠하고, 둥근 붓으로 R/U, Y/O, Y/L, T/W를 차례로 밝게 올려준다.

PINK POPPY(분홍 포피)

1. 1R/U로 베이스 작업해준다.
2. 리타더를 칠한 후 필벗 6호를 사용하여 R/P로 1차 터치해준다.
3. 3R/P에 S/P을 믹스해서 2차 터치해준다.
4. 2차 터치 색상에 T/W를 섞어서 3차 터치해준다.
5. T/W에 kleister를 섞어가며 하이라이트를 표현해준다.
6. S/G, Sapphire, Aqua 등으로 주변 색상에 맞게 tint해준다.
7. 꽃심은 리타더를 칠한 후 P/A으로 칠하고, 둥근 붓으로 R/U, Y/O, Y/L, T/W를 차례로 밝게 올려준다.

TULIP(튤립)

1. R/U로 베이스 작업해준다.
2. 리타더를 칠해준다.
3. 둥근 붓 5호를 사용하여 R/P와 S/P을 서로 반대 방향에서 시작하여 중간 지점에서 교차하도록 1차 터치해준다.
4. 1차의 R/P에는 S/P을 S/P에는 W/W를 각각 믹스해서 1차 터치보다 짧게하여 2차 터치해준다.
5. 2차의 믹스 된 R/P 색상 위에는 P/A으로 3차 터치해 주고, S/P 색상 위에는 T/W에 kleister를 섞어서 하이라이트를 표현해준다.

PATTERN FLOWER(꽃 문양의 둥근 조각부분)

- 리폼한 작품으로 본래 조각 된 문양 위에 평붓을 사용하여 S/B로 워싱하여 몰딩기법처럼 표현해준다.

SIDE TRIM(측면 다듬질)

- 평붓 5호를 사용하여 S/B에 reatarder를 섞어 붓 size 그대로 쓸어내려 붓결을 표현해준다.

| 참고 |

LEG & MIRROR FRAME(완성작의 다리와 거울 고정틀)

1. BACK 기법은 같으며 측면은 헝겊을 사용하여 S/B로 워싱처리 해준다.
2. 앞면의 꽃문양은 리타더를 칠한 후 필벗 4호를 이용하여 R/U에 C/B을 믹스해서 1차로 터치해 주고, 1차와 동일한 색상으로 2차 터치해준 후 퀼 브러쉬로 flow medium을 섞어가며 라인작업 해준다.

FINISHING(마감재)

- gloss varnish로 5~6회 칠한 후 matt finish로 2번 정도 칠해준다.

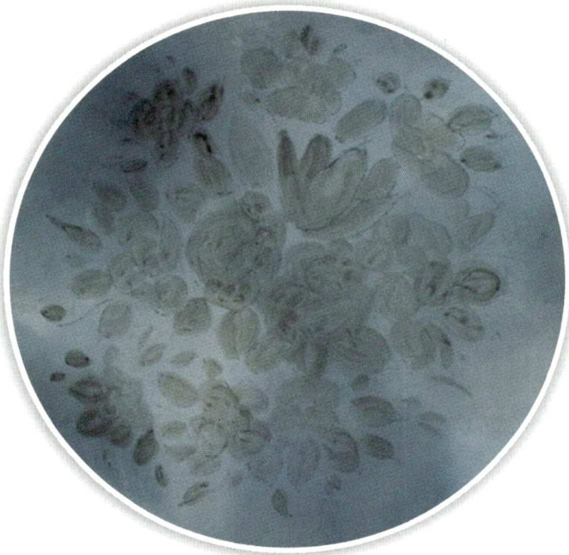

⬇

| 이 민 희(Lee Min Hee) |

포크아트는 잡지에서 처음 접하게 되었고, 호기심에서 시작하다가 어느새 '붓 놀리는 맛'에 매료되어 강사까지 하고 있습니다. 언제나 그렇듯 일의 끝을 바라고 시작하긴 하지만 막상 목적지에 도착하고 나면 허탈감을 느끼곤 했는데 이 작업은 하면 할수록 욕심이 생기고 끝이 보이질 않네요. 이것이 매력이 아닌가 싶습니다. 이 포크아트가 빠른 시일 내에 우리 생활에 친숙해져서 여러 사람들과 함께 일상 속에서 창작하는 기쁨을 나누고 싶네요.

여신(Acrylics)

Goddess

PALETTE(물감)

- JO SONJA'S ARTIST COLORS (조손야물감)

  Burnt Umber(BU)
  Fawn
  Rich Gold(RG)
  Pale Gold(PG)
  Sapphire
  Permanent Alizarin(AIZ)
  Yellow Oxide(YO)
  Gold Oxide(GO)
  Naples Yellow Hue(NYH)
  Titanium White(TW)
  Turners Yellow(TY)
  Skin Tone Base
  Diox Purpl(DP)
  Yellow Light(YL)
  Carbon Black(CB)
  Pearl White(PW)
  Olive Green(OG)
  Burgendy

BRUSHES(브러쉬)

플랫브러쉬 : 1/8, 1/4, 1/2, NO.1, NO.2, NO.3, NO.4, NO.5

퀼 : NO.3

SUPPLIES(기타 준비물)

Nail Tip
Sanding #400
All purpose Sealer
Reaterder Medium
먹지
Glass Glaze Finish
접착제
Dot stick
반제

PREPAPATION(바탕준비)

1. 샌딩된 네일팁을 접착제를 이용하여 반제에 붙여주고, All purpose Sealer를 전체에 바른 후 TW를 칠해준다.
2. 먹지를 대고 디자인을 옮겨준다.
3. 디자인을 제외한 배경에 NYH, Fawn, GO, OG를 터치 해주면서 래깅으로 바탕을 표현해준다.

FACE & SKIN(얼굴과 피부)

1. 전체 Skin Tone Base로 칠해준다.
2. GO, YO, TW를 섞어서 어두운 쪽에 음영을 넣어주고, 밝은 부분은 TW를 칠해준 후 라인작업을 해준다.

HAIR(머리카락)

1. ① BU를 전체적으로 칠해준다.
   ② 어두운 부분의 음영은 CB와 BU를 섞어서 표현해 준다.
   ③ 밝은 부분은 Fawn과 TW를 섞어서 하이라이트를 표현해주고 라인작업을 해준다.
2. ① TY를 전체적으로 칠해준다.
   ② 어두운 부분의 음영은 GO와 TY를 섞어서 표현 해 준다.
   ③ 밝은 부분은 YL와 TW를 섞어서 하이라이트를 표현해주고 라인작업을 해준다.

CROWN & HEAD DECORATION (왕관과 머리장식품)

1. 금장의 베이스는 TY를 칠해주고, PG로 칠해주어 화려함을 더해준다.
2. 유색보석 장식은 PA, Sapphire, DP, TY로 표현해주고, 진주장식과 하이라이트는 PW와 TW로 표현해준다.
3. Dot-stick을 이용하여 PG를 금장에 찍어주어 화려함을 더해준다.

DRESS(드레스)

1. TW를 전체적으로 바른다.
2. Fawn과 DP로 주름장식에 음영을 넣어준다.

FINISHING(마감재)

1. BU와 DP를 섞어서 디자인의 실루엣을 더욱 강조해 준다.
2. 테두리는 BU와 Burgendy를 섞어서 칠해준다.
3. Glass Glaze Finish를 뿌려서 마감한다.

| 이 소 연(Lee So Yeon) |

- 네일아티스트로서의 생활에 충실하다가 핸드페인팅을 접하게 되었다. 배우면 배울수록 재미있고 신비로운 느낌은 이 분야에 더 큰 매력으로 빠져들게 되었고, 악세사리와 소품디자인, 직물페인팅 등을 연구하고 있으며, 현재 네일아트협회 핸드페인팅 기술강사로 활동하고 있다.
  지루한 일상... 색다른 경험이 필요하다면,
  핸드페인팅!!
  그 섬세하고 화려한 색채의 공간으로 초대하고 싶다.

- H · P : 018-275-0002
- TEL : 063-838-6642

로망스
(Acrylics)

PALETTE(물감)

- JO SONJA'S ARTIST COLORS (조손야물감)
  Gold Oxide(GO)
  Red Earth(RE)
  Teal Green(TG)
  Indian Red Oxide(IRO)
  Raw Sienna(RS)
  Norwegian Orange(NO)
  Vermillion
  Yellow Deep(YD)
  Provincial Beige(PB)
  Smoked Pearl(SP)
  Naples Yellow Hue(NYH)
  White
  Pale Gold(PG)
  Carbon Black(CB)
  Provincial Beige(PB)

BRUSHES(브러쉬)

필벗브러쉬 : NO.2, NO.6, NO.8, NO.10
라운드브러쉬 : NO.3
퀼 : NO.3

SUPPLIES(기타 준비물)

반제(콘솔)
All purpose Sealer,
Retarder Medium
Flow Medium
사포
화이트먹지

PREPAPATION(바탕준비)

1. 사포로 표면을 부드럽게 문질러 준 후 TG로 바탕 베이스를 칠해준다.
2. 완전히 마른 후에 화이트 먹지를 대고 트레팔지에 그려 넣은 디자인을 옮겨준다.

LEAVES(잎)

1. 잎은 No.10, No.6 필벗브러쉬로 TG+CB를 3:1 MIX해서 브러쉬의 느낌이 살도록 1, 2, 3로 터치 해준다.
2. 큰 잎은 No.10필벗 브러쉬를 사용해 IRO로 세이딩 해준다.

SCROLLS(스크롤)

- RE Scroll , NO Scroll

1. 그려진 Scroll에 No.10 브러쉬로 RE로 베이스를 칠해준다 투명감을 주기위해 물을 사용해 엷게 칠해주어야 하며 한번에 Scroll을 그려주어야 한다.
2. RE Scroll, NO Scroll 의 구분을 주기 위해 RE Scroll은 밝은 부분을 Vermillion, NO로 약간 사이드 로딩하여 터치하여 준다.
3. No.3라운드 브러쉬로 Vermillion이나 또는 NO를 묻혀주고 SP를 브러쉬 끝에 약간 묻혀 스크롤이 돋보이게 라인을 그려준다.

TELEMARK STYLE ROSES(장미의 회전 방법)

■ 포인트 : 각의 보여지는 색깔대로 NO,YD, Whate로 필벗 No.2나 No.6 사용하여 Oval Stroke 하여 준다.

- Oval Stroke은 한쪽에 물감을 사이드로딩 하여 점이 하나 있다 여기고 한 지점 에서 시작해 부러쉬를 띠지 않고 한번에 시작한 곳과 끝나는 곳이 같도록 브러쉬를 한번에 돌려주어 타원이 만들어져야 한다.

1. Oval Stroke 해놓은 곳에 No.6브러쉬로 NYH나 NO, YD을 사용해 사이드로딩 하여 장미를 장식하여 준다.
2. 퀼 No.3 로 격자모양이 되도록 라인도 그려주고 브러쉬를 눌렀다 들었다를 반복하여 라인을 그려주기도 한다.

VALDRES STYLE ROSE(장미의 발드레스 방법)

1. 장미의 흰 색 잎사귀는 SP로 칠해주고 가운데 봉우리는 NO로 칠해준다.
2. No.6로 EA를 사이드로딩 하여 장미의 어두운 부분을 표현해준다.
3. No.6로 White를 묻혀 꽃잎을 브러쉬의 스트록이 느껴지도록 1,2,3 처음은 길게 그 다음은 짧게 짧게 표현해준다.
4. 봉우리는 NO에 약간 YD을 사이드 로딩하여 봉우리를 표현해 준다.

FINISHING(마무리)

1. 퀼 No.3를 사용해 YO, NO, TG, White로 라인을 그려준다.
2. 그림이 그려진 콘솔 전체에 리타더를 발라준 후 그림이 없는 부분을 black으로 브러쉬 결이 나도록 쓸어준다.
3. 테두리 black과 TG를 1:2 섞어 칠해주고 PG로 콘솔 다리 부분에 장식도 칠해준다.
4. 무광 마감제로 전체 3번 발라준 후 가구용 왁스로 광을 내준 후 엔틱에 어울리는 레이스와 금장식을 붙여 멋스럽게 꾸며준다.

⬇

⬇

| 이 정 아(Lee Jung Ah) |

햇살가득 떨어지는 숲의 아침, 꽃의 향기가 번져 나오는 아름다운 정원, 바라만 봐도 미소를 번지게 하는 형형색색의 장미들... 삶을 풍요롭게 하는 이러한 시각적 즐거움을 생활 속으로 가져올 수있는 포크아트에 입문한 것은 97년 스텐실로 시작한 저의 공예경력에 큰 전환점이었습니다. 생활속의 갖가지 바탕재들(Console, Table, Tray, Shelf...) 위에 표현하고 싶은 수많은 상상을 한폭의 그림으로 그려내며 벌써 적지 않은 시간이 흘렀습니다 . 때론 삶에 지쳐 우울함도 그려졌고 때론 기쁨에 넘쳐 환희도 그려졌고 열정, 사랑, 슬픔들도 그려졌습니다. 제겐 포크아트가 그림자체로서의 기쁨과 즐거움 뿐만 아니라 삶에 필요한 물, 공기 태양이었습니다 이제 저는 브러쉬를 잡고 한획의 스트로크와 스크롤을 할 때마다 저의 혼을 불어넣으려고 노력하렵니다. 아직도 부족한 제 그림의 완숙미와 깊이를 배가 시키기 위해 오늘도 내일도 힘주어 브러쉬를 잡겠습니다.

"My Love For You"

(Acrylics)

PALETTE(물감)

Raw Sienna
Pine Green
Norwegian Orange
Rose Pink
Naples Yellow Hue
Titanium White(Jansen Art)
Americana Yellow Light
Yellow Oxide
Brown Earth
Red Violet
Prussian Blue Hue
Brown Madder
581 Metalic Celadon
671 Metallic Peridot

BRUSHES(브러쉬)

no.4 filbert brushes
no.8 filbert brushes
no.5 round brushes
no.1/4 flat brushes
no.0 liner brushes
퀼 brushes
4.Rubens 65m/m 81

SUPPLIES(기타 준비물)

흰색 먹지
흰색 거친 사포
Clear Glaze Medium
Retarder Medium
Flow Medium
All Purpose Sealer
Protective Finish (Clear Satin)

PREPAPATION(바탕준비)

1. All Purpose Sealer를 전체적으로 바르고, 마른 후 BM를 칠해준다.
2. 흰색 거친 사포로 사포를 해준다.
3. BM를 깨끗하게 칠하고 말린다.
4. 581 MC 와 671 MP를 믹스해서 워시하게 BM 위에 칠해준다.(No.4.Rubens 65m/m 81)
5. Clear Glaze Medium을 발라준다.(그림을 그릴 때 백의 펄이 지워지지 않게 하기 위해서임) 본을 뜬다.
6. RS로 본뜬 것 모두 칠해준다.(No.5 round brushes)
7. RS를 한번 더 칠해주는데 음영이 생기도록 어두운 부분 쉐이딩을 해준다.(No.5 round brushes)

LEAVES(잎)

1. PG으로 잎을 전체적으로 칠해준다.(No.8 filbert brushes)
2. 잎을 반을 나눠서 아래쪽에서 윗쪽으로 PG와 AYL 믹스한 것에 TW 사이드 로딩해서 스트록으로 칠해준다.
   ▶ Point : 잎사귀 끝을 둥글게 하지 말고, 약간 사각으로 각이 져야한다. (No.5 round brushes)

LONG LEAVES(긴잎)

1. PG으로 잎을 전체적으로 칠해준다.(No.8 filbert brushes)
2. 잎의 양쪽에 PG와 AYL 믹스한것에 TW 사이드 로딩해서 밝은 부분을 표현해 준다.(No.5 round brushes)

ROSE(장미)

1. 볼 부분에 리타더를 칠한다.
2. BE를 칠한다.
3. RP와 NO 믹스 한 것에 NYH나 TW를 사이드로딩 한 것을 볼의 위쪽에 반원을 그리듯이 터치하며 스트록으로 그린다.
   ▶ Point : 붓의 하이라이트 부분을 위쪽으로 해서 그린다.
4. 아래쪽 반원도 위의 반원과 같은 방법으로 그린다.)
   ▶ 볼의 Point : 리타더와 BE가 믹스가 잘되서 경계가 없어야 한다.
5. 꽃의 전반적인 어두운 부분 쉐이딩은 BE이다.
   (꽃 봉우리 아래쪽, 볼 안쪽, 봉우리의 꽃잎사이, 펼쳐진 꽃의 안쪽을 쉐이딩 해준다.)

PEAK PETAL(봉우리의 꽃잎)

- RP와 NO 믹스한 것에 NYH나 TW 사이드로딩한 것을 하이라이트 부분부터 어두운 쪽으로 위에서 아래로 스트록으로 그린다.
  ▶ Point : 꽃의 앞쪽은 제일 밝아야 하므로 TW나 NYH의 양을 많이 한다.

OPEN PETAL(펼쳐진 꽃잎)

1. 봉우리의 꽃잎과 같은 색으로 그린다.
2. 꽃잎 밖에서 안으로 스트록을 내린다.
   ▶ Point : 꽃 봉우리 아래쪽은 어두워야하므로 끝까지 스트록을 내리지 않고 자연스럽게 내린다. 뒤로 갈수록 어두운 표현에 주의한다.
   ▶ 씨 : BE를 점처럼 찍은 뒤 YL로 자연스럽게 마무리 한다. (No.10 liner brushes)

TULIP(튤립)

- 스트록을 기본으로 한다.(No.5 round brushes)

1. 어두운 부분에 BE로 스트록을 내린다.
2. 중간부분에 RS로 스트록을 내린다.
3. 어두운 부분을 제외하고 YO로 스트록을 내린다.
4. 밝은 부분을 CYM로 스트록을 내린다.
5. 하이라이트 부분에 CYM와 TW로 마무리 스트록을 내린다.

HYACINTH(히아신스)

- (No.4 filbert brushes)

1. 리타더를 칠한다.
   ▶ Point : 리타더 양을 많이 하지 않는다.
2. 그 위에 RV으로 가볍게 터치하면서 백을 칠한다.
3. SP을 하이라이트 부분 4장 꽃잎을 시작으로 밖으로 갈수록 어둡게 한다.
   ▶ Point : 꽃잎 한 장당 두번 터치로 꽃잎을 둥글게 하고, RV로 믹스가 잘되게 해야 한다.
4. TW로 하이라이트 부분에 터치한다.
   ▶ Point : 아래색들과 믹스가 잘 되어야 한다.
   ▶ 히아신스는 꽃잎 덩어리가 자연스럽게 풍성해야 한다.

BLUE FLOWER(파란 꽃)

• (No.1/4 flat brushes)

1. 리타더를 칠함.
2. PBH를 칠함.
3. 앞의 색과 잘 믹스 되도록 TW 사이드로딩 해서 하이라이트 표현한다.

BLUE FLOWER(백합)

• (No.5 round brushes)

1. RP에 TW 사이드로딩 해서 꽃잎 밖에서 안으로 스트록을 내린다.
   ▶ Point : 어두운 부분에는 RP, 하이라이트 부분에는 TW의 양을 많이 한다.

▶ 씨 : Flow Medium을 물 대신 사용한다.
BE를 안쪽에 점으로 찍는다. (No.퀼 brushes)
BE, YO를 각각 T자로 술을 그린다.
큰 술은 YL로 그리고, 그 위에 TW로 마무리 한다.

FINISHING(마감)

1. No.4.Rubens 65m/m 81 사용한다.
2. Protective Finish(Clear Satin)으로 마감을 2번 한다.

⬇

| 이 은 경(Lee Eun Kyoung) |

- 양 력 : 1984. 4. 9 (22살)
- 학 력 : 목원대학교 수학과 3학년 재학 중
- 포크아트 시작 : 중학교 때 약 6개월 배우고, 2004. 7. 22일 시작
- 포크아트 단계 : 고급 2번째 작품
- 작품명 : ♡~My Love For You~♡
- 계 획 : 포크아트를 시작한지 1년이라는 시간이 지난 지금 고급 2번째 작품을 끝냈습니다.
  포크아트는 자신의 생활 소품을 만들 수 있다는 매력이 있습니다. 굳이 미대를 나오지 않아도 그림을 그리고 싶다는 열의만 있다면 누구나 시작할 수 있습니다. 앞으로 계속 포크아트를 하면서 많은 종류의 그림을 그려보고 싶습니다. 그리고 세계에서 알아주는 포크아트 아티스트가 되고 싶습니다. 그래서 오늘도 그 꿈을 향해 달려갑니다. ^^♡

꽃의 향기 Oils

PALETTE(물감)

- JO SONJA'S ARTIST COLORS
  (조손야물감)
  Smoked Perl(SP)
  Rich Gold
- ARTISAN OIL COLORS
  Alizarin Crimson (AC)
  Cadmium Yellow Pale (CYP)
  Raw Sienna (RS)
  Ivory Black (PB)
  Titanium White (TW)
  Cadmium Orange (CO)
  Cadmium Red Light (CRL)
  Yellow Ochre (YO)
  Sap Grnne (SG)

BRUSHES(브러쉬)

필벗브러쉬(filbert brushes) : NO.6, NO.8
오일평붓(flat brushes) : NO.8, NO.10
라이너붓(liner brushes) : NO.3

SUPPLIES(기타 준비물)

반제(포크걸이, 선반시계)
Gold riff
붓세척 전용기름
Oil
먹지
칫솔모(sattering)
사포
블랙먹지
Tannin sleaer

PREPAPATION(바탕준비)

- 먼저 바탕을 깨끗하게 사포로 하고 Smoked Perl을 바탕에 칠해주고 Rich Gold로 스터링(sattering) 해준다.
  - ▶ 완전히 마른후 블랙먹지를 대고 디자인 도안을 그린다.

Let's Paint Leaves(잎)

- 잎과 꽃을 그리기 전에 오일을 바르세요.

1. 필벗브러쉬를 잎 크기에 따라서 붓을 선정해서 Base [BK+CYP+(TW)] 먼저 칠해준다.
2. 같은 브러쉬로 (BK+AC)를 Mix하여 묻힌 상태에서 어두운 부분을 브랜딩 하듯 칠해준다.
3. 밝은쪽은 (CYP+TW)로 Mix하여 점점 더 밝게 하이라이트를 표현해준다.
4. 잎줄기는 (BK+AC)를 Mix하여 같은 브러쉬로 그려준다.

WATER DROPS(물방울 표현)

- 라인붓 3호로 물방울 모양 그려주기

1. 아웃라인(Outline)은 TW, 바깥쪽 그림자(Outside shade)부분은 BK로 표현해준다.
2. 안쪽밝기(Inside-Light)는 TW+CYP로 브랜딩 해준다.
3. 액센트(Accent)는 TW로 강조한다.

PINK ROSE(장미)

1. 평붓(Flat) 10호 브러쉬를 이용해서 살짝 내려앉게 (Fluff)는AC+RS+BK-YO로 칠해준다.
2. 오버스트로크(Overstroke)는 YO-CYP-W를 다양하게 믹스하여사용한다.

WHITE ROSE(화이트로즈)

1. 평붓(Flat) 10호브러쉬를 이용해서 살짝 내려앉게(Fluff)는 RS+BK-YO로 칠해준다.
2. 오버스트로크(Overstroke)는 YO-CYP-W를 다양하게 믹스하여 사용한다.

YELLOW ROSE(옐로우로즈)

1. 평붓(Flat) 10호 브러쉬를 이용해서 살짝 내려앉게 (Fluff)는 RS+BK-YO로 칠해준다.
2. 오버스트로크(Overstroke)는 CO-YO-W-CYP를 다양하게 믹스하여 사용한다
   - ▶ 마지막으로 Shade는 CO, AC, SG로 부분적인 섀이드를 표현한다.
   - ▶ 하일라이트는 오버스트로크에서 표현이 된다.

STRAWBERRIES(딸기)

1. 필벗 6호브러쉬로 Base는 CO로 살짝 터치해주듯이 깔아주고, 어두운쪽(DARK)는 AC+CRL+BK로 부분적 칠해주고, 밝은쪽(LIGHT)은 W+YO-TYG로 색을 넣어주며 자연스럽게 붓자국 없이 브랜딩 해준다.
2. 밝은 쪽은 더밝게 하이라이트를 W+CYP색으로 넣어준다. 이때 색을 넣어줄 때 붓은 라이너붓으로 바꿔서 해주면 더좋다.
3. 마지막으로 부분 포인트 PG-PB색으로 살짝 살짝 표시가 조금나게 넣어주고 너무 튀게는 넣지 않는게 좋다.

FINISHING(마감재)

1. 테두리에 Tannin Sealer를 바른 후 Gold Leaffmf를 붙여준다.
2. 유광 바니쉬로 2~3번 칠해준다.

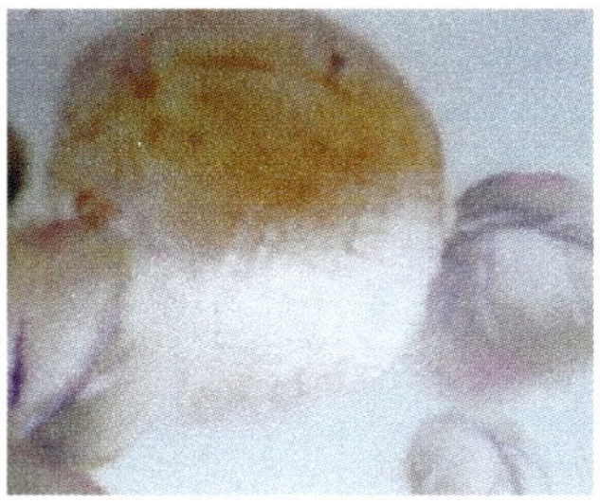

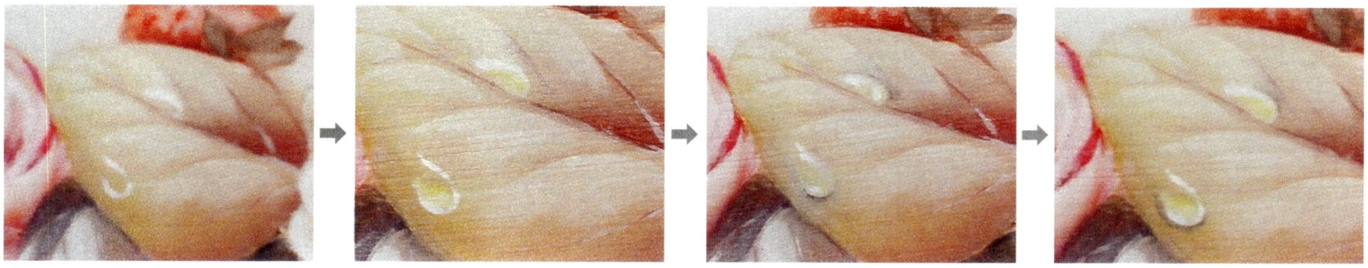

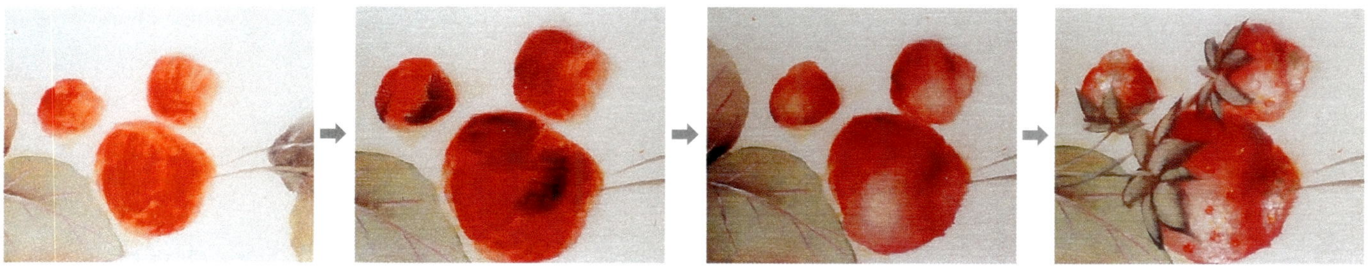

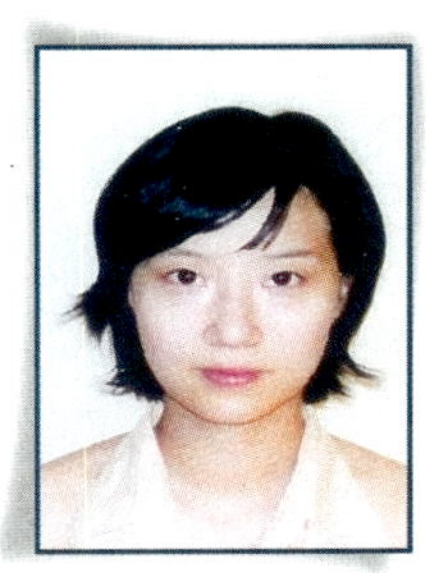

| 이 지 언(Lee Jee Un) |

- 포크아트 4년전부터 활동을 해 왔으며 현재, 수원에서 포크아트 개인샵 운영하고 있음.
- Home : 031-204-0082
- H · P : 011-9902-8127

행복한 하루의 시작

Acrylics

PALETTE(물감)

- JO SONJA'S ARTIST COLORS (조손야물감)
  - Background color : Soft White(SW)
  - Raw Sienna(RS)
  - Titanium White(TW)
  - Sapphire
  - Jade
  - Moss Green(MG)
  - Naples Yellow Hue(NYH)
  - Alizarine
  - Rose Pink(RP)
  - Cadmium Orange(CO)
  - Cadmium Yellow Mid(CYM)
  - Diox Purple(DP)
  - Red Violet(RV)
  - Amethyst
  - Purple Madder(PM)
  - Raw Umber(RU)
  - Austria Sienna(AS)
  - Brown Madder(BM)
  - Green Light(GL)
  - Yellow Light(YL)
  - Olive Green(OG)
  - Pale Gold(PG)

BRUSHES(브러쉬)

플랫브러쉬 : No.10, No.1/2
퀼 : No.3

SUPPLIES(기타 준비물)

젯소
반제(콘솔)
Flow Medium
천(면)
사포
먹지
Gold leaf
Tannin Sealer
Vanish

PREPAPATION(바탕준비)

1. No.10 플랫 브러쉬로 젯소를 칠한 후에 SW를 칠한 후, 사포로 표면을 매끄럽게 한 뒤에 한번 더 SW를 칠한다.
2. 완전히 마른 후에 먹지를 대고 디자인을 옮겨준다.
3. 그림이 들어가는 모든 부분에 RS로 워시하게 칠해주고 지우개로 깨끗하게 지워준다.

LEAVES(잎)

1. No.1/2플랫 브러쉬로 Sapphire와 Jade로 가장 어두운 곳을 칠하고 MG과 NYH로 중간, TW로 밝은 곳을 Mix하여 칠한다.
2. 중심부분에 TW에 NYH를 Mix하여 H/L부분에 더티브러쉬한다.
3. BM, PM, RU로 잎의 어두운 부분을 음영넣고 NYH와 TW를 MIX하여 잎맥을 그려준다.
   1번 No.3 퀼브러쉬로 Jade와 OG을 MIX하여 줄기를 그려준다.

ROSE(장미)

1. No.1/2플랫 브러쉬로 보라색 장미는 어두운 톤 DP, 중간 톤 RV, 밝은 톤 Amethyst와 NYH 나누어 바탕 칠하고 이 색과 TW를 사용하여 더블로딩 기법으로 장미를 표현한다.
2. No.1/2플랫 브러쉬로 붉은장미는 어두운 톤 Alizarine, 중간 톤 RP, 밝은 톤 NYH로 나누어 바탕 칠하고 이 색과 TW를 사용하여 더블로딩 기법으로 장미를 표현한다.
3. No.1/2플랫 브러쉬로 노란장미는 어두운 톤 CO, 중간 톤 MG, 밝은 톤 CYM로 나누어 바탕 칠하고 이 색과 TW를 사용하여 더블로딩 기법으로 장미를 표현한다.
   - 이때 다양한 느낌이 나도록 color를 MIX하고 정확하게 스트록한다.
4. 전체적으로 AS를 워시하게 칠하여 주어 선명하게 해준다.
5. BM, PM, RU로 어두운 부분에 음영을 넣어준다.
6. 장미의 색감을 풍부하게 하기 위해서 GL, YL로 터치해주고 NYH와 TW로 장미의 밝은 부분을 정리해준다.
7. 수술은 PM, RU를 MIX하여 넣고 CYM로 마무리한다.

FINISHING(마무리)

1. 테두리에 Tannin Sealer를 바른 후 Gold Leaf를 붙여준다.
2. 충분히 말린 다음 유광 Varnish를 바른다

정 경 희(Jung Kyoung Hee)

- 디자이너의 직업을 가졌던 저에게 포크아트는 새로운 경험이었습니다.
  두 아이가 성장하는 모습을 보는 것과 같이 작품 수가 늘어가는 것도 저에겐 기쁨이 되었고, 제가 그린 작품들로 채워지는 공간을 바라보는 여유로움도 가지게 되었습니다.
  이번 작품은 초록나무공방을 운영하는 신랑이 제가 원하는 디자인의 가구를 제작해 주어서 더욱 좋은 경험이 된 것 같습니다.

풍경이 있는 로맨틱 콘솔

Oils

PALETTE(물감)

· Oil : Winsor &Newton
Tere Verte(TV)
Pthalo Blue
Sap Green(SG)
Prussian Blue(PB)
Cadmium Orange(CO)
Raw Sienna(RS)
Indian Red Oxide(IRO)
Yellow Ochre(YO)
Naples Yellow Hue(NYH)
Cadmium Yellow Light(CYL)
Titanium White(TW)
Cadmium Yellow Medium(CYM)
Oxide of Chromium(OC)
Burnt Umber(BU)
Burnt Sienna(BS)
Olive Green(OG)
Alizarin Crimson(AIZ)
Pthalo Turquoise(PT)
Mauve(BlueShade)
Purple Madder(PM)
Alizarin Permanent Rose(PR)

· Acrylic : JO SONJA'S COLORS (조손야물감)
Naples yellow hue(NYH)
Warm White(WW)
Gold Oxide(GO)
Skin Tone Base(STB)
Tit White(TW)
Jaune Brillant(JB)
Burnt Sienna(BS)

BRUSHES(브러쉬)

Flat : NO.1/8, NO. 1/4, NO. 1/2,
Filbert: NO.2, NO.6, NO.8
Liner: NO.00
Flat NO. 1/2끝이 벌어져서 못쓰게 된 붓(뒤 풍경이나 나무 표현할 때 쓴다)
Base Brush(35mm)

SUPPLIES(기타 준비물)

반달콘솔
Sanding, #320, #600
Gesso, Stylus
Gross Varnish
All purpose Sealer
먹지
Linseed Oil

PREPAPATION(바탕준비)

1. 반제는 사포로 사포한 뒤 Base Brush를 사용하여 Gesso를 2번 바른다.
2. 바탕은 아크릴물감 NYH로 칠한 뒤, 디자인을 옮긴 후, 집, 레이스, 새, 모자 = TW로 칠하고, 드레스, 지붕 = JB, 바구니:BS, 얼굴과 피부 = STB로 칠해준다.

HOUSE, ROOF & BRICK(집, 지붕과 벽돌)

- Flat No.1/4 붓을 사용하여 CO, BS, CYM, PB, BU, IRO로 바림 해주며 음영을 넣어준 뒤 NYH와 TW를 섞어가며 밝은 부분을 표현 한다.

SKY, TREE, LAWN, ROAD(하늘, 나무, 잔디, 길)

1. Flat 1/2 붓을 사용하여, 하늘은 PB를 얇게 오일로 바르며 어두운 쪽 나무숲은 SG, CO, RS, TV, OC, OG, BU를 MIX하여, 오른쪽 하단부분에 짙은 숲을 표현해준 후, 못 쓰는 붓으로 T/W를 MIX해가며 좌, 우로 찍어주어 나뭇가지가 흘러내린 것처럼 표현해준다. 좌측나무가지는 PR, AC에 TW를 MIX하여 찍어주어 밝고 화사하게 표현해준다.(나무 가지를 표현할 때는 끝이 벌어져서 못쓰게 된 붓을 사용하도록 한다).
2. 길은 YO와 BS와 NYH로 가로로 쓸어주며 길을 표현 해준다.

FACE & SKIN(얼굴과 피부)

1. Flat1/8, 1/4을 사용하여 IRO, CYL, TW를 MIX해서 밝은 피부를 칠해주고 어두운 쪽은 OG, BU, PB, AC 등을 MIX해가며 어두운 쪽 음영을 넣어준 후, 볼터치는 필벗 No.2 사용하여 AC+YO를 MIX해서 살짝 살짝 터치해준다.
2. 눈과 입술은 BU로 Liner NO.00를 사용하여, 라인 작업을 해준 뒤 입술엔 AC+YO를 MIX해서 살짝 칠해주고 TW로 H/L 해준다.

HAT(모자)

- 필벗 No.6 으로 어두운 쪽 PB+PT 밝은 쪽은 CYL, TW로 H/L 해준다.

DRESS(드레스)

- Flat No.1/2 붓으로 어두운 쪽 PM, Mauve로 칠해준 후 꽃을 그려 넣어 연출해준다.

LACE(레이스)

- 어두운 쪽 주름엔 Round No.3 붓으로 PB, OG, BU를 MIX해가며 칠해준 뒤, TW를 사용하여 쓸어주며 주름을 표현해준다.

BIRD(새)

- Filbert No.2 붓으로 어두운 쪽 BU, YO, PB를 살짝 칠한 후, T/W로 깃털 모양으로 쓸어주어 날개를 표현해준다.

BASKET(바구니)

1. Flat1/8 붓으로 BU, OG, HG, YO, CB을 바림하듯 칠해준 뒤, TW, NYH를 붓에 묻혀서 왕골 모양으로 쓸어준 뒤 Liner로 선을 그어 마무리한다.
2. SG, CYL, TW로 잎사귀를 만들어주고 못 쓰게 된 붓으로 AIZ, TW 각각 팁해서 찍어주며 꽃이 흘러내린 것처럼 표현해준다.

FINISHING(마무리)

- Oil이 완전히 마른 뒤에 Matt Finish를 3회 이상 스프레이 해준다.

| 차 민(Cha Min) |

■ 미술전공에 미련이 많았던 내게 포크아트는 나를 푹 빠져들게 하기에 충분했다. 돌이켜 생각하면 그림을 그릴 수 있다는 사실이 늘 행복하기만 했던 것 같다. 포크아트는 내게 늘 창의적인 작품세계로 이끌었으며, 가구, 인테리어소품, 의류, 도자기 등등 어디에나 그림을 그릴 수 있고, 내 작품세계를 표현할 수 있다는 사실이 너무도 즐거웠다. 취미로 시작한 포크아트가, 문화센타와 대학교에서 활동하며, 사라져가는 우리나라 민화에 각 나라의 포크아트기법 도입을 위한 연구로까지 발전하게 되었다. 지금은 핸드페인팅 전문 학원운영자로 일하고 있으며, 공유예술이자 생활예술인 포크아트를 악세사리, 네일아트에도 접목시켜 포크아트가 폭 넓게 더 많은 일상에서 많은 이들이 포크아트를 만날 수 있도록 희망하며 늘 노력해왔고 앞으로도 노력하는 모습을 잃지 않으려한다.

아름다운 정원

Acrylics

PALETTE(물감)

Dove Grey(D,G)
Permanent Alizarine(P.A)
Burnt Umber(B.U)
Paynes GRY(P.G)
Teal Green(T.G)
Raw Sienna(R,S)
Plum Pink(P.P)
Pine Green(P.G)
Jade
Cadmium Yellow Mid(Y.M)
Butter Milk(B.M)
Diox Purple(D.P)
Burnt Umber(B.U)
Warm White(W.W)
Purple Madder(P.M)
Olive Green(O.G)
Red Violet(R.V)
Turners Yellow(T.Y)
Titanium White(T.W)
Carbon Black(C.B)

BRUSHES(브러쉬)

Back brush
N08 flat brush
N08 flat brush
N04 flat brush
N02 flat brush
N06 filbert brush
N02 Round brush
liner

SUPPLIES(기타 준비물)

etarder medium
Clear glaze medium
Tannin Sealer
Gold leaf

PREPAPATION(바탕준비)

1. 먼저 바탕 사포 후 DG를 칠하고 건조시킨다.
2. Retarder를 바른 후 DG를 칠하고 PA+BU를 mix하여 Dark Burgundy를 만들고
3. DG를 mix한 뒤 blending 한다. TG+RS(약간) 위와 같은 방법으로 blending 한다.
4. RS도 같은 방법으로 blending한다. 완전히 건조시킨다.

LEAVES(잎)

1. PG+CB : black green이 되도록 mix하여 flat brush로 side 올려 중간에 아래까지 잎사귀를 그린다.
2. TG+CB : mix하여 side 후 그 위에 덧칠한다.
3. CB+DP : 묽게 칠한다.
4. PA에 glaze를 mix하여 잎사귀 윗쪽을 칠해준다.
5. PG+Jade+BM+YM+CB mix후 안쪽에서 바깥쪽으로 평평하게 칠해준다.
6. 윗칼라에 BM을 mix하여 짧게 한번 더 칠해준다.
7. PG+BU+OG+Glaze를 잎맥을 그린다.
8. RV+CB+glaze 잎이 꽃에 가려있는 부분을 강하게 칠해준다.

ROSE(장미)

1. 전체 바탕에 RS를 칠한다.
2. No.2 Flat brush로 RS와 BM 사이드로딩 한 후 Yellow Hue를 약간 칠한 후, Glaze한 뒤 그려준다.
3. RS+PP+BM 사이드하여 꽃아래 부분을 그린다.
4. RS, BM을 더블하여 장미 아래잎을 제외한 곳을 그려준다.
5. PP+RV 믹스 후 사이드로딩 하여 장미 위에 덧칠한다.
6. PP+DP(약간)+RS(많이) : Magic 믹스를 사용하여 위처럼 덧칠한다.
7. BM+Glaze하여 전체 장미를 그린다.
8. RS를 이용하여 입체감을 준다.
9. 꽃잎 겹치는 부분에 TW한다. RP+RV+CB+glaze 장미의 깊이를 준다.
10. 꽃씨 : RV+CB를 믹스하여 PM+YM 찍어준다.

SMALL FLOWER(작은꽃)

1. 가운데 부분을 No.6 flibert brush로 사용하여 TY로 색칠한다.
2. OG+BU 사이드에 묻혀 칠해준다. 또는 PP+BU 같은방법으로 칠해준다.
3. WW+BM 구부려진 곳을 그려준다.
4. 가운데 부분에 아래부분 TY+BU, 위쪽부분 WW+BM, 중간부분 TW로 그려준다. 꽃술은 PM+WW로 그려준다.

WHITE FLOWER(흰 꽃) : 바이올렛

1. DP+PP No4 flat brush로 그린다. DP+CB 그린다.
2. 꽃씨 RS round brush로 찍는다. CB로 수술을 그린다.

VIOLET FLOWER(보라색 꽃) : 팬지

1. No.4 flat Brush로 DP를 칠한다. DP를 앞뒤로 칠한 후 Y.H를 tip하여 칠한다.
2. MG를 같은 방향으로 각지게 그린다.
3. DP+CB를 믹스하여 꽃술을 빼주자.

BIRD(새)

1. No4 flat brush를 R.S로 칠해준다.
2. PP를 칠해준다. PG+CB 사이드에 묻혀 그린다.
3. Jade로 사이드에 묻혀 그린다. Tannin Sealer를 바른 뒤 Gold Leaf를 붙힌다.

FINISHING(마무리)

■ 가구 마감재로 마감하다.

| 최 경 아(Choi Kyoung Ah) |

■ 안녕 하세요.
소중한 남자의 아내와 사랑스런 두 아이의 엄마로 매일의 일상을 행복하게 만들어가고 싶은 전업주부 최경아입니다.
제가 처음 '포크아트'를 접한 것은 2001년, 그러니까 우리 딸이 유치원 다닐 때 친구 집에 갔더니 예쁜 소품들이 눈에 들어 오더라구요.
그래서 저도 처음 배우기 시작했습니다.
중간의 공백 기간이 있었고, 2003년 다시 본격적으로 배우기 시작했습니다,
작품 하나 하나가 완성될 때면 얼마나 사랑스럽고 예쁘고 '자식' 같은지 배울수록 어렵고 부족함을 느끼지만 끝까지 최선을 다해 보렵니다.

정원 (Acrylics)

Garden

PALETTE(물감)

- JO SONJA'S ARTIST COLORS (조손야물감)

Brilliant Magenta(B.M)
Gold oxide(G.O)
Yellow oxid(Y.O)
Brown Earth(B.E)
Panesy Grey(P.G)
Carbon black(C.B)
Burnt umber(B.U)
Burnt sienna(B.S)
Titanium white(T.W)
Raw umber(R.U)
Burgundy(BUR)
Alizarine(AL)
Pine Green(P.G)
Diox purple(D.P)
Brown Earth(B.E)
Olive Green(O.G)
Hookers Green(H.G)
Moss Green(M.G)
Cadmium Orange(C.O)
Red Viloet(R.V)
Cadmium Yellow Mid(C.Y.M)
Prussian Blue(P.B)

BRUSHES(브러쉬)

plat 6, 8, 10호
round 2, 4호
filbert 6, 8호
[illegible]
sea sponge

MIDIUM

Clear Glaze (C.G)

BASE COLOR(기본색상)

T.W + C.G로 묽게 터치

풀, 숲 표현

+C.G , P.G, O.G, H.G, M.G로 충분하게 깔아준다.

PREPAPATION(바탕준비)

1. 3개 모두 RS 흰색화분은 T.W로 베이스 한다.
2. 다시 BS 깐 다음 BU → CB로 하이라이트 TW+CG 묽게 터치해 준다.
3. 바구니 화분은 라이너로 BE 표현 + TW로 가운데 밝은 왕골 부분을 표현해준다.
4. 손잡이는 TW더 많이 해서 드라이 터치하듯 깔아준 다음 BU로 나뭇결 무늬를 넣어준다.

RIBBON(잎)

1. plat 10호로 TW를 베이스 해주고 TG로 넓게 쉐이드 한다.
2. 리본 모양이 풍성하게 잡힐 때까지 두세 번 반복해준다.
3. 하이라이트는 마주보게 넣어주고 라이너로 라인을 넣어준다.

GERANIUM LEAVES(제라늄 잎사귀)

1. filbert 8호로 PG를 베이스하고 CG + Jade + AL를 밝게 올려주고 라이너로 MG 인맥 표현해준다.
2. 쉐이드는 BU → 더 강조해 줄 때 CB 해 준다 줄기는 PG+CYM 해준다.

GERANIUM FLOWER(제라늄 꽃)

- CG + BM 과 CG + CO를 plat 8호로 넓게 바탕 깔아주고 filbert10호로 마르기전에 TW Tip 해서 꽃잎 그려준다.

LILAC(라일락)

1. CG + PB 와 DP, RU로 베이스 한다.
2. 마르기전 TW Tip 해서 꽃잎 표현해주고 filbert 4호로 해준다.

DAISY(데이지)

- TW + CG 로 두 번 반복해 주고 꽃술은 BE + CYM 로 터치한다.

SUNFLOWER(해바라기)

1. filbert 8호로 꽃술부터 표현 BE로 모양 잡아주고 꽃잎 부분은 베이스전체 깔아준다.
2. 두세 번 반복해서 CYM + CG로 꽃잎 그려준다. 쉐이드는 BU → 강조해 줄 때 BLACK 올려준다.

→

| 최 문 경(Choi Moon Kyoung) |

- 주변을 둘러보면 곳곳에 미술이 생활속에 자연스럽게 스며 있는걸 느끼게 된다.
  '포크아트'라는 한 분야를 알게되니 내가 표현하고 싶은 것을 할 수 있게 돼서 너무 행복하다.
  내안에 색깔을 찾아서 '옷'에 그릴 수 있다면 더 바랄게 없다.
- H · P : 019-330-5016

환희 (Acrylics)

Rosemaling

PALETTE(물감)

- JO SONJA'S BACKGROUND COLORS (빽컬러)
  Dolphin Blue
- JO SONJA'S ARTIST COLORS (조손야물감)
  Diox Purple(DP)
  Carbon Black(CB)
  Raw Sienna(RS)
  Brown Earth(BE)
  Burnt Umber(BU)
  Burnt Sienna(BS)
  Norwegian Orange(NO)
  Red Earth(RE)
  Indian Red Oxide(IRO)
  Cadmium Orange(CO)
  Cadmium Yellow Mid(CYD)
  Yellow Oxide(YO)
  Provincial Beige(PB)
  Smoked Pearl(SP)
  Titanium White(TW)

BRUSHES(브러쉬)

필벗브러쉬 : NO.2, NO.4, NO.6, NO.8
라운드브러쉬 : NO.3, NO.5
퀼 : NO.3

SUPPLIES(기타 준비물)

반제(DVD장)
All purpose Sealer
Retarder Medium
Flow Medium
사포
화이트먹지
Stylus
Matte Finish

PREPAPATION(바탕준비)

1. All Purpose Sealer를 전체 바르고, 빽컬러 Dolphin Blue를 전체 칠해준다.
2. 사포로 거친 표면을 곱게 사포해 주고 한 번 더 칠한다.
3. 완전히 마른 후에 화이트먹지를 대고 디자인을 옮겨준다.

LEAVES(잎)

1. 필벗 8번 브러쉬로 DP & CB을 MIX해서 밑색을 칠해준다.
2. 마른 후 같은 브러쉬로 DP을 깔아준다. 이때 어두운 쪽과 밝은 쪽 색의 자연스러운 MIX를 위해 리타더를 같이 사용한다.
3. 어두운 쪽은 RE에 CB 사이드로딩 해서 어두운 쪽 스트록해준다.
4. 밝은 쪽은 RS+CO MIX해서 사이드로딩으로 스트록 해준다.
   CYM+YO MIX해서 밝은 쪽 하이라이트로 한 번 더 스트록 올려준다.

WHITE FLOWER(흰 꽃)

1. No.6 필벗 브러쉬를 이용해 DP+CB MIX해서 밑색을 칠해 준다.
2. No.2,4,8 필벗 브러쉬를 사이즈에 맞춰가면서 SP에 TW 사이드로딩으로 터치해준다.

SQUALL(스콜)

1. No.8 필벗 브러쉬를 이용해 붉은 스콜은 BE+BS, 노란 스콜은 RS로 밑색을 칠한다.
2. No.8 필벗브러쉬로 붉은 스콜의 어두운 쪽은 RE에 BU+IRO MIX를 사이드로딩해서 스트록 해준다.
   밝은 쪽은 RE에 PB+CO MIX를 사이드로딩 해서 스트록해준다.
   - 이때 스트록의 붓자국을 줄이기 위해서 리타더를 살짝 사용해준다.(전체 적용)
3. No.8번 필벗브러쉬로 노란 스콜 어두운 쪽은 RS에 BU+CB MIX를 사이로딩 해서 스트록 해준다.
   밝은 쪽은 RE에 SP사이드로딩 해서 스트록 해준다.

FLOWER & SEED(나머지 색 꽃과 씨)

- losemaling의 특성상 색깔의 MIX가 중요한 기법이다.

1. No.4,6 필벗 브러쉬를 이용해 DP+CB으로 밑색을 칠한다.
2. 같은 브러쉬를 이용해 IRO, RE, DP, RS, YO, CYM, SP, TW, PB, CO를 MIX해가면서 브렌딩 스트록 해준다. 이때 밝고 어둡고의 뚜렷한 표현을 위해 정확한 사이드로딩과 스트록이 필요하다.
3. No.3,5 라운드 브러쉬를 이용해 NO, RE, YO, SP, TW를 MIX해 가면서 붉은 스콜의 마무리 스트록을 올려준다.
   잎과 노란 스콜 위 스트록은 RS, BU, CYM, SP, TW로 올려준다.

LINE(라인)

- No.3 퀼 브러쉬를 사용해서 RS, BU, RU, CYM, SP, TW를 MIX해가면서 전체 라인 돌려준다.

FINISHING(마무리)

1. 빽컬러에 메탈릭 가루를 MIX해 DVD장 몸통에 한 번 발라준다.
2. matte finish로 전체 2~3회 발라준다.

| 최 수 진(Choi Soo Jin) |

이제까지 4년여 동안 포크아트를 경험하면서 새로운 세계의 신비로움과 작품완성의 성취감을 만끽하게 되었습니다. 무엇보다도 어려운 과정을 거치면서 자신감과 충만함을 만깍할 수있는 포크아트의 세계로 여러분을 초대합니다. 일상의 피곤과 반복에서 벗어나 신비롭고 감미로운 포크아트의 맛을 만끽할수 있도록 저와 함께 시작하시지 않으실래요?

어린이 방 (Acrylics)

Kid Room

PALETTE(물감)

- JO SONJA'S ARTIST COLORS (조손야물감)
  Napthle Yellow hue(N.Y.H)
  Gold oxide(G.O)
  Yellow oxid(Y.O)
  Brown Earth(B.E)
  Smoked pearl(S.P)
  Storm blue(S.B)
  Carbon black(C.B)
  Burnt umber(B.U)
  Burnt sienna(B.S)
  Titanium white(T.W)
  Raw umber(R.U)
  Burgundy(BUR)

BRUSHES(브러쉬)

plat 6, 8, 10호
round 2, 4호
filbert 6호

BASE COLOR(기본 색상)

CASHMERE로 전체 칠해준다.

SUPPLIES(기타 준비물)

서랍장
Gesso
Satin Varnish
Magic Mix

ANTIQUE SIGNBOARD(앤틱 간판)

1. 전체 NYH로 칠한 후 plat 8호로 BE 넓게 쉐이드를 주고 BU 로 나뭇결 표현한다.
2. 글씨와 나무옹이를 plat 6호로 BU를 사용해서 터치해주고 TW 로 하이라이트 강조해준다.

CHESSBOARD(체스판)

1. 가운데 체크는 plat 6호로 GO 와 BUR로 번갈아 가며 원터치 한다.
2. 하트모양도 GO 로 베이스해 주고 사각테두리 바깥쪽 어두운 면은 BE 로 plat 8호로 안쪽 하이라이트는 NYH를 넓게 쉐이드 한다.
3. 글러브는 filbert 6호로 BU → GO 순으로 쉐이드 해주고 끈과 하이라이트는 NYH 와 TW를 라이너로 터치한다.

HOBBY HORSE(목마)

1. 말 몸 전체 SP 로 베이스 한 다음 쉐이드는 plat 10호로 RU 와 SB로 표현해준다.
2. 말안장과 조절끈, 받침대는 SB로 베이스 한 다음 쉐이드는 BU 로 해준 뒤 강조해주는 부분 CB 로 한다.
3. 하이라이트는 TW 안장 밑의 쉐이드는 BS로 표현한다.
4. 징 부분은 CB로 스타일러스 DOT 한 후 TW로 약간 비켜서 찍어준다.

DOLL(인형)

1. 얼굴 손 앞치마 양말 전체 NYH 로 칠한 후 filbert 6호로 어두운 면은 BS로 넣어주고 하이라이트는 TW로 강하게 그려준다.
2. 치마와 모자는 전체 SB로 칠한 후 filbert 6호로 어두운 면 CB로 넣어준다.

BOX(상자)

1. 모자 상자위에서 첫 번째, 세번째 상자 베이스는 SB로 칠해 준다음 plat 8호로 CB 넓게 넣어준 뒤 TW로 쉐이드 한다.
2. 두 번째 상자 전체는 BS로 칠한 후 GO로 밝은 부분 표현해준다.
3. 맨 밑 상자는 NYH 칠한 뒤 BU로 쉐이드 하고 하이라이트 NYH로 표현한다.

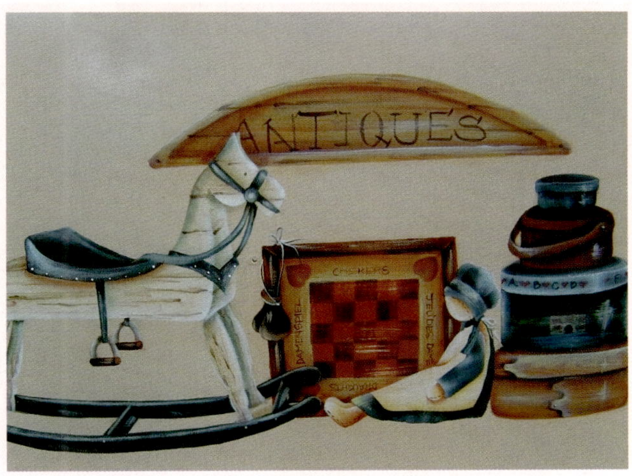

최 은 정(Choi Eun Jung)

- 자신의 작품이 공개되고 좀 더 향상되어 그런 즐거운 기대를 하게 만드는 역할을 포크아트가 한다면 이번 전시는 큰의미가 있다.
  집압에 만국한된 우리 들의 삶은 보다 넓은 공간으로 확장 할 수 있을 것이고 나아가 모든 사람들이 행복하고 즐겁게 공유할수 있다면….

- H · P : 011-9885-7861

꿈꾸는 시간 Oils

PALETTE(물감)

- JO SONJA'S ARTIST COLORS (조손야물감)
  - Yellow Oxide(YO)
  - Cadmium Yellow Mid(CYD)
  - Turners Yellow(TY)
  - Burnt Sienna(BS)
  - Burnt Umber(BU)
  - Cabon Black(CB)
  - Rich Gold(RG)
  - Pale Gold(PG)
- WINSOR & NEWTON (Oil물감)
  - Olive Green(OG)
  - Titanium White(TW)
  - Burnt Umber(BU)
  - Burnt Sienna(BS)
  - Yellow Oxide(YO)
  - Renaissance Gold(RG)
  - Pale Gold(PG)
  - Raw Sienna(RS)
  - Chorome Green Deep(CGD)
  - Cadmium Yellow Mid(CYD)
  - Naples Yellow Hue(NYH)
  - Yellow Light(YL)
  - Sap Green(SG)
  - Alizarin Crimson(AC)

BRUSHES(브러쉬)

필벗브러쉬 : NO.2, NO.4, NO.6, NO.8
라운드브러쉬 : NO.3
플렛브러쉬 : NO.10
퀼 : NO.3
먹브러쉬

SUPPLIES(기타 준비물)

반제(5단서랍장)
All purpose Sealer
Linseed Oil
붓세척제
사포
블랙먹지
Stylus
스폰지
Matte Glaze Finish

PREPAPATION(바탕준비)

1. All Purpose Sealer를 전체 바르고, 사포로 거친 표면을 곱게 사포한다. 아크릴물감 YO, BS. BU 를 1:1:1 정도로 섞은 후 전체 바탕색을 칠한다.
2. 첫 번째 작업이 끝나면 아크릴물감 YO를 중앙을 중심으로 다시한번 워시하게 전체 칠해준다.
3. 완전히 마른 후에 블랙먹지를 대고 디자인을 옮겨준다.

LEAF DRAWING(잎사귀 그리기)

1. 아크릴물감 YO로 잎사귀 전체의 바탕을 칠해준다.
2. No.6 필벗브러쉬로 오일물감 BU, OG을 잎사귀의 어두운 부분인 중심부분과 잎사귀의 머리부분에 칠한다.
3. No.6 필벗브러쉬로 RS로 남은 잎사귀 부분을 칠한 후, NYH로 RS 윗 부분에 다시 한번 가볍게 터치해준다.
4. 먹브러쉬를 이용해서 색상과의 경계부분을 부드럽게 쓸어주면서 자연스럽게 브렌딩이 되면서 여러번 붓질을 해준다.
5. 잎사귀의 입체감과 사실감을 살리기 위하여 CGD, AC, SG를 잎의 중간 중간 부분에 터치하여 변화를 준다.
6. NYH와 RG를 적절히 섞어서 잎의 밝은 부분에 하이라이트를 해주고, TW로 가장 밝은 부분에 다시 한번 하이라이트를 준다.
7. OG, TW, RS를 섞어서 잎맥을 그려준다. 아크릴물감 YO 로 잎사귀 전체의 바탕을 칠해준다.

ROSE DRAWING(장미 그리기)

1. No.8 필벗 브러쉬를 사용하여 아크릴물감 TY로 장미꽃 전체 바탕을 칠한다.
2. No.6 필벗 브러쉬를 사용하여 꽃의 어두운 부분과 꽃잎의 경계부분을 오일물감 BS로 칠한다.
3. 꽃잎의 가장 중심부분에 TW를 터치하고, 남은 부분은 YL를 칠한다.
   먼저 칠해 둔 어두운 부분의 BS와 TW, YL를 먹브러쉬를 이용하여 자연스럽게 브랜딩 해준다.
4. 브렌딩한 꽃잎에 다시한번 BS로 어두운 부분을 가볍게 브렌딩 해준다.
5. 오일물감 CYD로 꽃잎의 가장자리 부분의 어두운 표현을 다시 한번 해준다.
6. 오일물감 TW로 뒤집힌 부분에 살짝 살짝 선을 긋듯이 그은 후 먹브러쉬로 자연스럽게 브랜딩 해준다.
7. 모든 작업이 끝나면 꽃잎의 생동감을 살리기 위하여 오일물감 AC로 꽃잎의 시들어 보이는 부분에 터치해주고, TW, PG를 밝은 부분에 다시 터치해주고 BS, BU로 쉐이딩부분에 세밀한 터치를 다시 해준다.

| 주의사항 |

1. 장미의 자연스러운 표현을 위해서 너무 많은 오일물감을 사용치 않는다.
2. 먹브러쉬를 적절하게 사용하고 붓의 테크닉은 아주 섬세하게 터치하여 브랜딩하여야 그림이 자연스럽다.

NARCISSUS DRAWING(수선화그리기)

1. No.6 필벗 브러쉬를 사용하여 아크릴물감 CYM로 수선화꽃 전체 바탕을 칠한다.
2. 오일물감 SG를 수선화꽃의 어두운 부분을 칠해주고 남은 꽃잎은 YL로 전체 칠한다.
3. 먹브러쉬를 이용하여 오일물감 SG과 YL 색상을 자연스럽게 브랜딩 해준다.
4. No.6 필벗 브러쉬를 사용하여 TW로 하이라이트 부분에 브렌딩 해준다.
5. No.6 필벗 브러쉬로 오일물감 AC를 수선화 꽃잎의 쳐진 부분을 터치하여 꽃잎의 입체감을 살려준다.
6. 꽃이 완성되면 SG으로 다시한번 쉐이딩 처리를 해주고 가장 밝은 부분은 TW로 보다 밝게 표현해준다.

LEAF TRUNK DRAWING(큰잎줄기 그리기)

1. No.8 필벗 브러쉬를 사용하여 오일물감 SG, CGD로 전체적인 줄기를 그려준다.
2. No.8 필벗 브러쉬를 사용하여 오일물감 NYH, TW로 줄기의 밝은 부분에 하이라이트를 해준다.

FINISHING(마무리)

1. 반제의 테두리부분에 아크릴물감 CB를 칠한다.
2. 스폰지를 이용하여 아크릴물감 RG, PG를 자연스럽게 스폰 터치해준다.
3. Matte Finish를 여러번에 걸쳐서 마감한다.

| 황 수 기(Hwang Soo Ki) |

- 십여년간의 은행생활을 접고 시작한 포크아트는 나에게 새로운 도전이었다.
포크아트는 미적인 욕구를 충족시키고, 정서적인 안정감도 느낄수 있으며, 또한 완성된 작품이 주는 만족감이 매우 큰 분야이다.
포크아트의 장점을 살린 생활용품과 선물용품 등 아름다운 생활공간의 창조를 위한 다양한 제품들을 기획중이며 2003년, 2004년 한국포크아트갤러리 협회 전시회에 참가하였다.
현재 풀잎문화센터와 복지관에 출강중이며 인터넷 쇼핑몰 핸드페인팅을 운영중이다.
- www.paintingshop.net

귀족 (Acrylics)

Nobless

PALETTE(물감)

- JO SONJA'S ARTIST COLORS (조손야물감)
  Carbon Black(CB)
  Celadon
  Provincial Beige(PB)
  Aqua
  Olive Green(OG)
  Yellow Oxide(YO)
  Nimbus Grey(NG)
  Burnt Sienna(BS)
  Hookers Green(H.G)
  Brown Madder(BM)
  Burnt Umber(BU)
  Titanium White(TW)
  Napthol Cr-imson(NC)
  Naples Yellow Hue(NYH)
  Paynes Grey(PG)
  Gold Oxide(GO)
  Cadmium Yellow Mid(CYD)
  Yellow Light(YL)
  Barn Copper(BC)
  Pthalo Green
  Permanent Alizarine(AIZ)
  Yellow Deep(YD)
  Burgundy
- AMERICANA(아메리카나 물감)
  Burnt Orange(BO)
  Brandy Wine(BW)
  Cranberry Whine(CW)
- FOLK ART'S (포크아트 물감)
  Holiday Red(HR)

BRUSHES(브러쉬)

필벗브러쉬 : NO.2, NO.6, NO.8, NO.10
라운드브러쉬 : NO.3
퀼 : NO.3

SUPPLIES(기타 준비물)

반제(선비탁자)
All purpose Sealer
Tannin Sealer
Retarder Medium
Flow Medium
천(면)
사포
화이트먹지
Rich Gold가루
Metal Leaf
Stylus
Glass Glaze Finish

PREPAPATION(바탕준비)

1. All Purpose Sealer를 전체 바르고, CB를 전체 칠해준다. 사포로 거친 표면을 곱게 사포 해주고 Celadon, CB, Pthalo Green을 살짝 살짝 터치 해주면서 천으로 레그롤링 해준다.
• 이때 색이 MIX될 수 있도록 약간 힘 있게 돌려줘야 한다.
2. 첫 번째 작업이 끝나면 AIZ, PB, Aqua, CB를 처음과 같은 방법으로 작업한다.
3. 완전히 마른 후에 화이트먹지를 대고 디자인을 옮겨준다.

LEAVES(잎)

| 참고 |

• 잎과 꽃을 그리기 전에 리타더를 바르는 것을 잊지 마세요.
• 붓에 물감이 적을수록 붓텃치가 가벼워지므로 여러겹으로 올릴 때는 꼭 가볍게 붓을 사용하세요.

1. 잎의 어두운 부분은 No.8 필벗브러쉬로 HG+CB를 MIX해서 터치 해주고 잎의 끝부분은 BM로 터치해준다.
2. OG+YO를 MIX해서 1스트록 해준다.(이때 붓이 물감이 많이 묻지 않도록 한다.)
3. NG+2번 더티브러쉬를 MIX해서 오버스트록 하여 H/L를 준다.
4. OG +RS+TW를 MIX하여 가운데 줄기를 그려준다.

RED ROSE(붉은 장미)

1. 장미의 뒤쪽부분은 BS로 틴트해주고 중앙부분과 어두운 부분은 CB을 더MIX해서 터치하고 장미의 잎사귀 부분은 NC으로 틴트해준다.
2. No.10 필벗브러쉬로 Burnt Orange +Brandy Wine을 MIX해서 1스트록 해준다.
3. NYH+2번 더티브러쉬를 MIX해서 오버스트록 해준다.
4. TW로 H/L 오버스트록 해준다.
• 이때 뒤쪽 꽃잎은 H/L를 해주지 않도록 한다.
5. 같은 색의 작은 장미를 터치할 때는 필벗 No.2이나, No.6 사용하여 뒤쪽꽃잎은 NC, BU을 터치해주고 H/L는 하지 않도록 한다.
6. 꽃씨는 PM에 YO 텁한 후 찍어준다.

YELLOW ROSE(큰 노란 장미)

1. 장미의 뒤쪽의 어두운 부분은 Burgundy로 터치 해주고 중앙부분과 장미의 밑 부분은 HG+CB을 MIX해서 터치 해준다.
2. No.10 필벗브러쉬로 YL+NYH를 MIX해서 1스트록 해주는데, 중앙부분으로 내려 오면서 NYH만 스트록 해준다.
3. NYH+TW를 MIX해서 오버스트록 해준다.
4. TW로 H/L 부분에 오버스트록 해준다.
5. 작은 노란 장미는 뒤쪽의 어두운 부분은 Burgundy+CB으로 터치 해주고, CYM으로 스트록 해준다. TW로 H/L 표현은 해주지 않는다.

WHITE ROSE(큰 흰 장미)

1. 장미의 뒤쪽 어두운 부분은 No.10 필벗브러쉬로 PG로 터치 해주고, 아래쪽 어두운 부분은 BU로 터치해준다.
2. NO.8 필벗브러쉬로 TW를 이용해서 가볍게 1스트록 해준다.
3. 위와 같은 TW를 사용해서 오버스트록 하여 H/L를 표현해준다.

TULIPS(튤립)

1. No.8 필벗브러쉬로 위쪽 어두운 부분은 BE +BU로 MIX해서 칠해준다.
2. GO +RS 1:1 MIX해서 1스트록 해준다.
3. RS+2번 더티브러쉬에 MIX를 오버스트록 해준다.
4. 아래쪽 꽃잎의 어두운부분에 BE로 음영을 넣어준 뒤 YD로 1 스트록 해준다.
5. NYH+TW를 MIX해서 H/L 오버스트록을 해준다.

POPPLES(포피)

1. No.8 필벗브러쉬로 중앙부분에 CB+OG을 MIX해서 어두운 부분을 터치한다.
2. Americana BW +Folk Art's HR를 MIX해서 1스트록 해준다.
3. Americana BO를 약간 터치해서+②더티브러쉬와 MIX한 후 H/L 오버스트록 해준다.
4. 아래쪽 CB+Burgundy를 MIX해서 어두운 부분에 음영을 넣어준다.

5. NC +Burgundy를 MIX해서 1스트록 해준다.
6. Americana BO 약간 터치해서 +더티브러쉬 물감에 MIX한 후 H/L 오버스트록 한다.
7. 씨앗은 No.6 필벗브러쉬로 PG를 눌러서 찍어주고 그 위로 YO, TW 순으로 찍어준다.

SMALL FLOWER(작은 꽃) : 다섯 꽃잎

1. No.2 필벗브러쉬로 어두운부분에 NC으로 음영을 넣어준다.
2. YD + TL를 MIX해서 1 스트록 해준다.
3. 2번에 TW 약간 더 터치해서 더티브러쉬 해서 MIX한 후 오버스트록 하여 밝은 부분의 H/L를 표현해준다.
4. 가운데 중앙부분은 CB로 원형모양으로 터치한 후 YL을 No.3 라운드브러쉬로 찍어준다.

LACE(레이스)

1. PG + Barn Copper를 1:1로 MIX해서 No.3 라운드브러쉬로 그려준다.
2. 나뭇잎 모양의 레이스는 HG + BU를 MIX해서 어두운 부분에 음영을 넣어준 후, RG +RG가루를 MIX해서 1스트록 해주고, RG가루만 오버스트록 해서 H/L 해준다.

FINISH(마무리)

1. 테두리 양쪽에 Tannin Sealer를 바른 후 Leaf 붙여준다.
2. Glass Glaze Finish를 뿌려서 마감한다.

| 한 미 경(Han Mi Kyoung) |

어느 날 꿈을 꾸었습니다.
그 꿈은 날이 가면 갈수록 선명해져서 내 삶의 태양처럼 그렇게 눈부신 내 미래를 함께할 지표였습니다.
포크아트는 그렇게 내게 꿈과 희망이었습니다. 그리고 10여 년이 지난 지금도 여전히 그 마음만은 변치 않고 싶네요.

PALETTE(물감)

- JO SONJA'S ARTIST COLORS (조손야물감)

Black
Brown Earth
Peal Gold
Napthol Crimson
Hookers Grean
Yellow Oxide
Yellow Light
Yellow deep
Titanium White
Prussian Blue Hue
Napthol Red Light
Permanent Alizarine
Vermilion
Yellow Deep
Norwegian Orange
Red Violet
Diox Purple
Pine Green
Jade
Diox Purple
Red Violet

BRUSHES(브러쉬)

Flat : No 1/2
Filbert : No 10, 8, 6, 4호 Base Brush
Liner : No 0

SUPPLIES(기타 준비물)

Sanding #320, #600
Stylus
펄가루(Rich gold, Peal gold,Copper gold)
반제
면으로 된 천
지우개

ASSISTANCE STUFF(보조제)

Retarder Varnish
Clear Glaze medium
Magic Mix
Tannin Sealer
Flow Control Medium

FINISHING(마감제)

Gross Varnish

PREPAPATION(바탕준비)

1. All Purpose Sealer로 반제를 칠한 뒤 사포를 하고 Black으로 Base 색을 칠한다. Base color가 칠한다. 그 위에 Napthol Crimson에 펄 가루를 섞어서 washing 한다. Brush는 Base Brush를 이용한다.
2. 하얀색 먹지를 이용하여 디자인을 뜬다.
3. 본 뜬 뒤에 TW로 연하게 꽃과 잎을 Base 칠한다.
4. 먹지자국을 지우개로 지우고 Clear Glaze M을 고르게 바른다. Clear Glaze M을 바르는 이유는 투명도를 높일 수 있다.

LEAVES(잎)

1. 잎은 세 가지 톤으로 연출한다. 본격적인 스트록을 할 때는 Retarder와 Magic Mix를 이용하여 스트록 해준다.
2. 매번 스트록 할 때마다 붓을 마른 천에 닦아가며 한다.
3. Brush는 Filbert No.8호나 6호를 사용한다.

GREEN LEAVES(초록 계열 잎)

- Magic Mix를 쓰는 이유는 투명도를 높이기 위해서 썼습니다.

1. PBH와 AIZ으로 잎사귀의 어두운 부분을 쉐도우 해주고 HG으로 1 Stroke한다.
2. YO, YL, TW를 섞어서 Over Stroke를 한다.
3. 더 밝게 Over Stroke 한다.
4. 그 위에 TW를 조금더 Mix해서 H/L 오버스트록 한다.

BLUE LEAVES(푸른색 잎)

1. AIZ, HG으로 잎사귀의 끝부분과 어두운 부분을 쉐도우 한다.
2. PB와 TW로 1 Stoke 한다.
3. White를 이용해서 점점 밝게 Over Stroke를 해준다.

RED LEAVES(붉은 색 잎)

1. 잎사귀의 어두운 부분과 끝부분은 HG와 AIZ으로 쉐도우 한다.
2. BE로 1 Stroke 한다.
3. BE에 YO를 Mix해서 2번째 Over Stroke 한다.
4. 더티브러쉬한 브러쉬에 TW를 Mix해서 H/L Over Stroke 해준다.

RED FLOWER(붉은 꽃)

1. Filbert No.8로 이용해서 Napthol Red Light로 밑 색을 칠한다.
2. 꽃의 어두운 부분(중앙부분)은 Black과 Napthol을 터치한다.
3. Yellow Light로 잎의 밝은 부분을 터치한다.
4. NRL로 1 Stroke한다.
5. 앞의 색에 TW, YO를 Mix해서 Over Stroke한다.
6. 색을 밝게 H/L준다. 점점 TW를 Mix해서 H/L를 더 Over Strok한다.
7. Stroke 1차 작업이 끝나면 썼던 색들을 이용해서 틴트를 준다.

WHITE FLOWER(흰 꽃)

1. Filbert No.8 브러쉬로 YO로 Base색을 칠한다.
2. YL로 잎의 밝은 부분을 터치한다.
3. HG으로 잎의 어두운 부분을 터치한다.
4. PA으로 꽃의 중앙에 음영을 준다.
5. Ice Blue(PB+TW)로 1 Stroke 한다.
6. 앞의 색에 TW를 섞어서 Over Stroke 한다.
7. Vermilion을 사용해서 틴트를 준다.

ORANGE FLOWER(주황 꽃)

1. Filbert No.8 브러쉬로 NO로 Base를 칠한다.
2. 잎의 어두운 부분은 GO로 터치한다.
3. 잎의 밝은 부분을 YO로 터치한다.
4. PA으로 꽃의 중앙을 터치한다.
5. YD과 PA을 섞어서 1 Stroke한다.
6. YL를 앞의 색에 섞어서 Over Stroke한다.
7. TW로 H/L를 주고 1차 스트록을 마무리 한다.
8. HG, YL, Vermilion 등으로 틴트를 준다.

YELLOW FLOWER(노란 꽃)

1. Filbert No.8 브러쉬로 YD로 Base를 칠한다.
2. HG으로 어두운 부분의 잎을 터치한다.
3. Vermilion으로 밝은 부분을 터치한다.
4. PB, PA을 섞어서 꽃의 중심을 터치한다.
5. YD으로 1 Stroke 한다.
6. 앞의 색에 YL를 섞어 Over Stroke 한다.
7. TW로 H/L를 준다.

FIVE PETAL(다섯 꽃잎)

1. Filbert No.4 브러쉬에 Black으로 꽃의 중심을 터치한다.
2. PA, PB로 꽃의 어두운 부분과 밝은 부분을 적절하게 터치한다.
3. DP, RV으로 다섯 꽃잎 스트록을 한다.
4. 앞의 색에 TW를 섞어 Over Stroke 한다.
5. 위의 색을 이용하여 같은 방법으로 Titanium White로
6. High Light 주면 1차 스트록이 끝난다.
7. 다시 PA, PB를 이용하여 틴트를 준다.

A FLOWER SEED(꽃씨)

1. Napthol Red Light, Yellow Light, Titanium White 순서로 씨를 그린다.
2. Brush는 라이너 붓이나, 퀼 브러쉬를 사용한다.
3. 다섯 꽃잎의 씨 : PG, YL순으로 그린다.

LINE(라인)

1. 잎은 Jade와 TW를 섞어 얇은 라이너 붓으로 그린다.
2. 꽃은 꼭 각각의 색에 TW를 섞어 그린다.
   단 라인은 얇고 가볍게 도드라지지 않도록 그린다.

ATTACH LEAF(리프 붙이기)

- Tannin Sealer를 이용해서 오색리프를 적절한 간격의 크기로 잘라 붙인다.

FINISH(마무리)

- Gross varnish를 3번 이상 칠한 뒤, 고운 사포를 하고 다시 Varnish를 여러 번 칠한다.

| 황 소 영(Hwang So Young) |

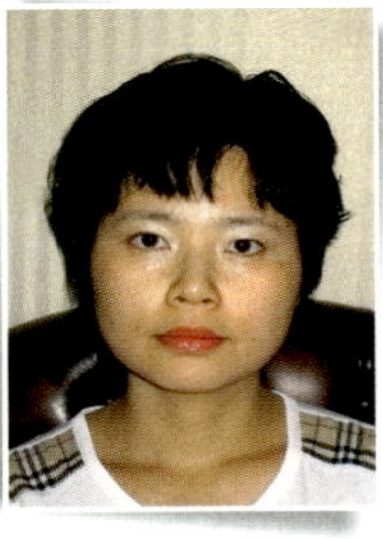

■ 1999년 가을에 처음으로 포크아트를 접하게 되었고 그 이후 지금까지도 헤어나지 못하고 있다. 그때 이후 단 한번도 후회를 안 했다면 거짓말이지만, 몇 번의 고비를 잘 이겨내서 여기가지 오게 된 것을 항상 감사한다.

아마도 나는 내 머리가 반백이 될 때까지 계속 작업실에서 시름하고 있을 것이고 올 여름과 같이 보람있는 여름을 해마다 보내지 않을까 싶다. 언제나 마음으로 고마운 차민 선생님과 함께 말이다.

■ 1999년 포크아트에 입문.

■ 2004한국 포크아트 갤러리협회 전시회 출품.

■ TEL : 02-533-6506 ■ H·P : 010-8311-0903

기문아트

현대여성이라면
누구나 아름다움에도 나만의 개성과 색깔로
아름다움을 손으로 창조해 봅니다.
당신의 길잡이가 되어 드리겠습니다.

• 다양한 작품의 세계

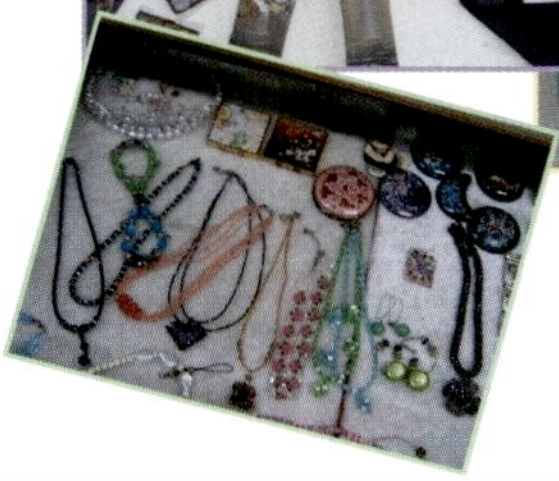

• **수강 과목 안내**
포크아트 / 핸즈 페인팅 / 비즈 공예 / POP / 네일 포트아트 /퀼트 / 스텐실 / 한지 / 칼라믹스 / 홈패션 / 알공예 / 와이어 / 리본공예 / 은공예 / 메이크업 / 기타과목

• **회원의 특혜**
10명이상 단체 출강 강의 가능

• **회원의 특전**
우수작품 전시회 출품, 수료 후 자격증 취득, 여성 창업 부업 알선

• **교육 안내**
취미반, 전문반, 자격증반, 점포운영반

• **교육일정**
월요일 ~ 금요일, 토요일 – 직장인반
시간 : 10시 30분 ~ 21시 30분 (시간자유)
1 : 1 개인수업 , 주 2~3회 수업

http://www.kha21.com
TEL : (051) 865-8273~4 FAX : (051) 865-8277

미르 포크아트

수업시간 : 월~수 AM 11:00 ~ PM 6:00
목 · 금 AM 11:00 ~ PM 9:00
토 AM 1:00 ~ PM 6:00

교육안내

포크아트 정규반
연구반
Faux-Finish
패션 페인팅
창업반(속성) 전문학원

(원장 : 한미경)

Tel : 02-953-0826
H · P : 016-308-1747
서울시 성북구 보문동 2가 151번지 3층

기회가 자기 곁을 지나칠 때 절대 놓치지 마세요!!

http://www.mirfolkart.com

코디

OPEN : 월~금 AM 11:00 ~ PM 9:00

포크아트
·
핸드페인팅
·
취미 전문반 운영
·
포피니쉬반 운영

(원장 : 강경란)

Tel : 062-222-2907
H · P : 019-9160-2907
광주광역시 동구 금남로 1가 금남지하상가 F33호

이정아 갤러리

OPEN : 월~금 AM 10시~PM 9시

포크아트 · 스텐실 · 패션페인팅

(원장 : 이정아)

TEL : 02-565-7770
H · P : 011-385-6633
서울시 강남구 대치동 931-17 1층 B02호

공예쇼핑몰 http://www.brushro.com

차민네일아트 & 미르포크아트 (서초점)

(원장 : 차 민)

학원 OPEN : 월~금 AM 10:00 ~ PM 9:00
토 AM 10:00 ~ PM 5:00

교육내용

- 포크아트
- 네일아트
- 핸드페인팅 악세사리
- 패션페인팅
- Faux Finish
- 취미반
- 전문반
- 창업반(속성) 전문학원.

TEL : 02-595-1941
H · P : 016-238-5317
서초구 서초동 1698-14번지 아크로빌딩 6층

http://www.chaminhp.com

포크아트 하우스

포크아트 전문반 운영, 가구리폼

패션페이팅 취미반 운영

포크아트 소품및 악세사리 창업반 운영

(원장 : 권윤예)

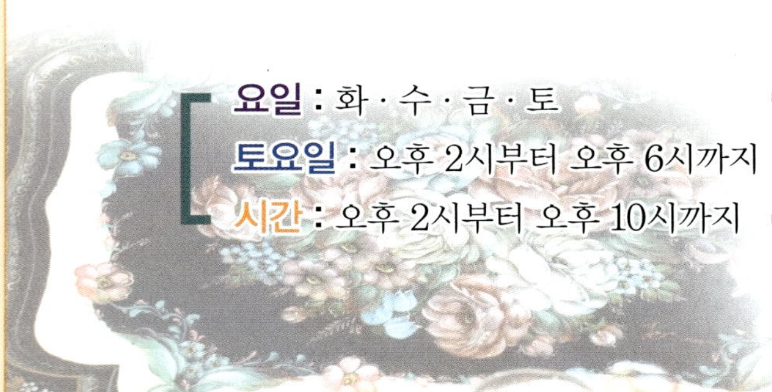

요일 : 화 · 수 · 금 · 토
토요일 : 오후 2시부터 오후 6시까지
시간 : 오후 2시부터 오후 10시까지

TEL : 02-465-7244
H · P : 016-213-2774
E-mail : dbsdp33@naver.com
서울시 성동구 성수1가2동 656-821 (1층)

♡ http://www.folkartro.com ♡

재미있는 핸드페인팅
포크아트 매니아 30인 전

2015년 10월 20일 1판 3쇄 발행

지은이 : 한미경 외 30인
본문편집 : 이명숙
펴낸이 : 이무형
펴낸곳 : 태학원

주소 ; 경기도 파주시 탄현면 장릉로 49번길 32, 나동
등록 : 제 10-193호(1988년 1월 25일)
전화 : 031-941-4136
팩스 : 031-941-4135

가격 : 25,000원

ISBN : 89-86016-79-6 13630